視唱とリズム

ハ音記号とアンサンブルを中心とした課題集

愛知県立芸術大学ソルフェージュ研究会

板倉ひろみ
岩田彩子
海老原優里
遠藤秀安
小島千加子
七條めぐみ
鈴木宏司
高山葉子
成本理香（執筆責任）
丹羽菜月
安野太郎
（共著）

三恵社

はじめに

本書は、愛知県立芸術大学のソルフェージュの授業担当者により作曲された視唱とリズムの課題集です。授業では学生の音楽表現の基礎となるような課題を作成してきました。そのような中で「アンサンブルの課題がもっと必要」「もう少し短い課題が必要」など、教員それぞれが感じていた課題に関する様々な意見を出し合い、新たに作曲してテキストとしてまとめました。

本書の特徴は、すべての課題が「アンサンブル」であるということです。ハ音記号の視唱にもすべてピアノ伴奏がついています。リズムは２声と３声の課題を収録しました。授業やグループレッスンなどではアンサンブルの練習に、個人レッスンでは教師と生徒でのアンサンブル、また、１人で練習する時には弾き歌いや両手でのリズム打ちなどに応用して使用することができます。

本書に収録されている課題と使い方は、以下の通りです。

第１部「視唱」

・伴奏付き単旋律視唱（アルト記号、テノール記号、ソプラノ記号）

すべてピアノ伴奏がついたハ音記号による視唱課題です。自分でしっかり音程をとることに加え、伴奏から調性を感じ取り、また伴奏との掛け合いなどにも注意して音楽的な練習も心がけてください。発展課題として弾き歌い、移調唱、移調奏などの練習もしてみましょう。

・二重唱課題

無伴奏と伴奏付きの曲があります。音部記号はト音記号、ヘ音記号、アルト記号、テノール記号、ソプラノ記号が使われています。無伴奏課題では自分と相手をよく聴くこと、加えて、伴奏付きでは先の課題と同じように、伴奏からも様々な情報を感じ取りながら歌いましょう。

第２部「リズム」

基礎的な練習を除いて、ほとんどの課題には、テンポ指定と強弱などが書かれています。機械的なリズム練習ではなく、楽譜に書かれた様々な情報を読み取って表現できるように心がけましょう。テンポ指定のない課題は、様々なテンポで練習してみてください。

・リズム課題（２声）

１人で右手、左手によりリズム打ち、または、２人でパートを分けてアンサンブルでリズム打ちなどの練習ができます。後半には「連符」「混合拍子」「変拍子」「総合課題」などがあります。１人で行うときには、片手にはペンなどを持ち、反対の手では机を叩くというように、音色を変えて練習するのが良いでしょう。

・リズム課題（３声）

３人（３パート）によるリズム打ちのアンサンブル課題です。相手をよく聴いてリズム打ちしましょう。

これらの課題を様々な角度から練習し、活用していただけることを願っています。

愛知県立芸術大学音楽学部教授・作曲家　成本理香

目次

第1部　視唱

伴奏付き単旋律課題（アルト記号）

1

Moderato

(H. I.)

2

Moderato

(C. K.)

3

Moderato

(R. N.)

4

Allegretto

(H. E.)

5

Alla polacca

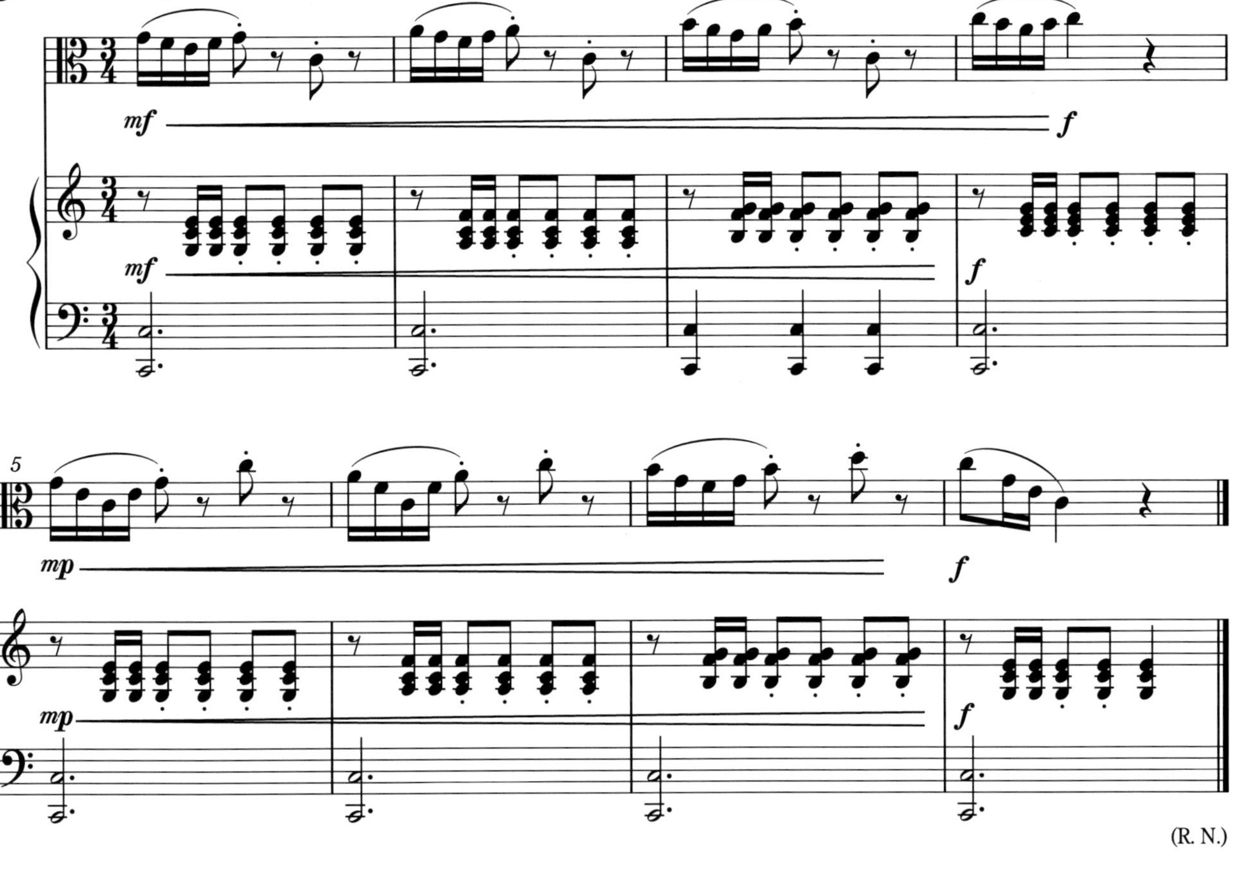

(R. N.)

6

Allegro moderato

(Y. T.)

7

Andante con moto

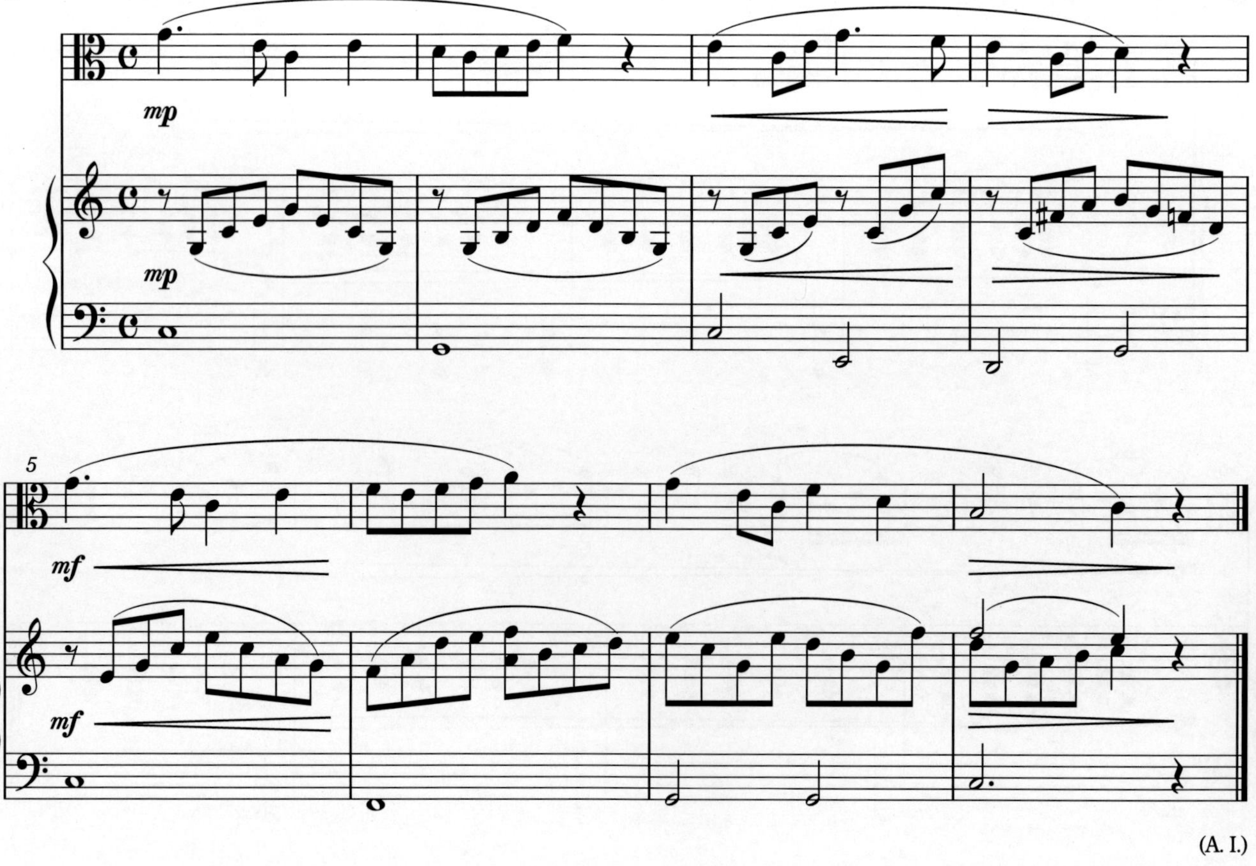

(A. I.)

8

Andante

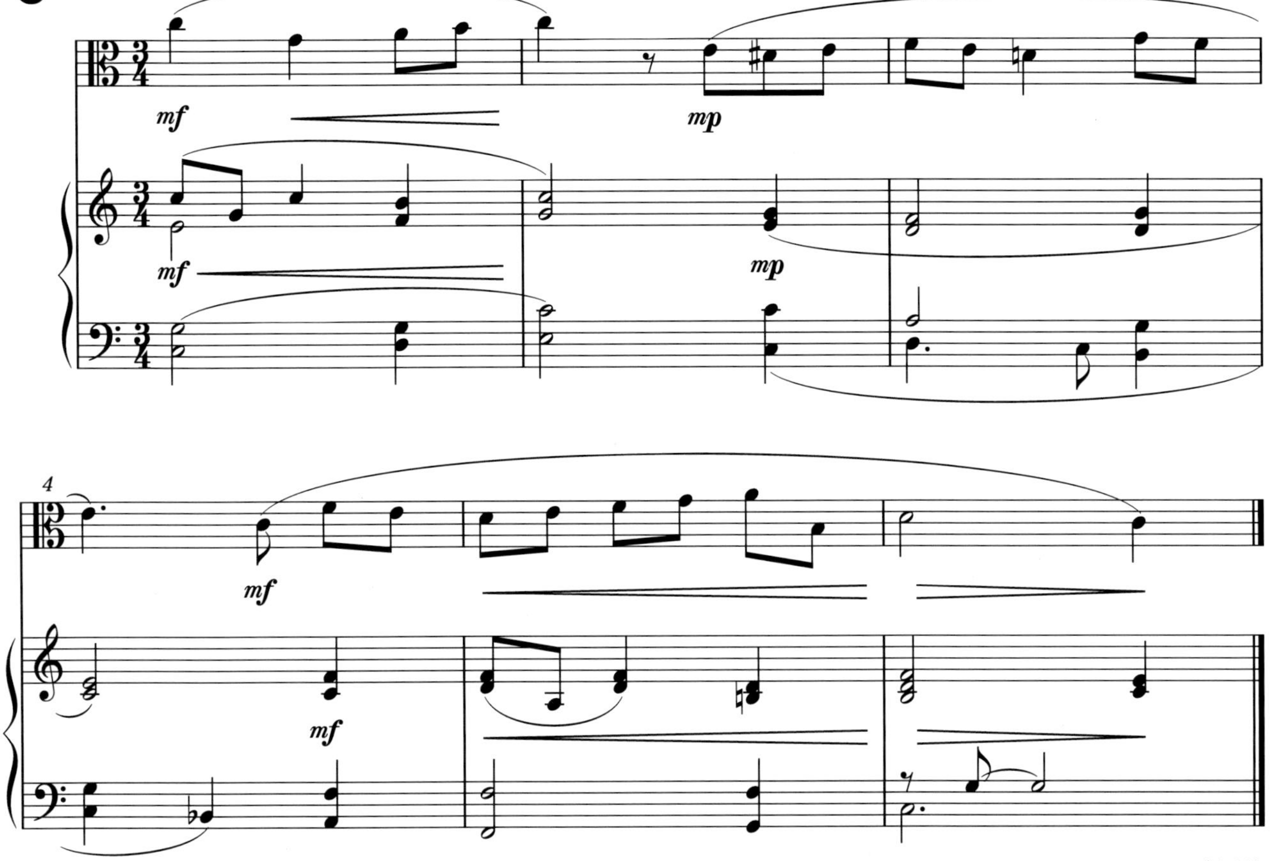

(N. N.)

9

Andantino

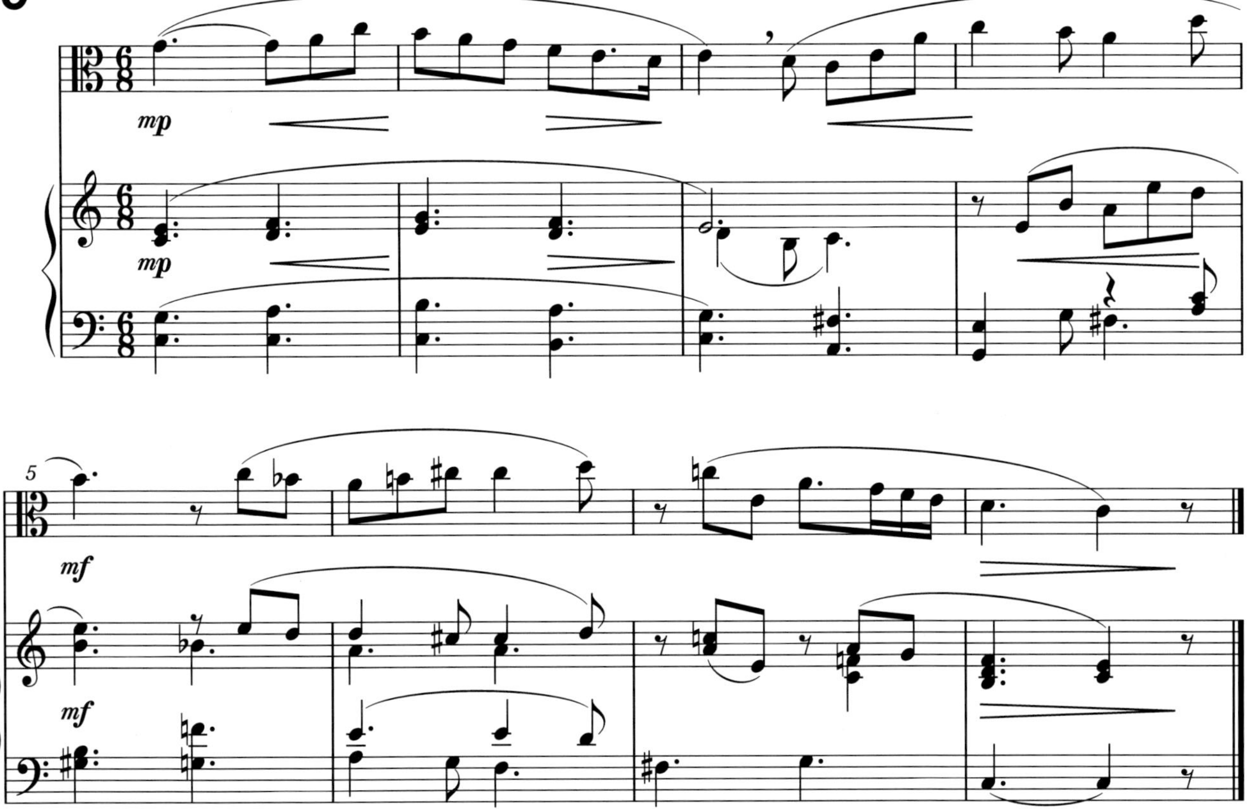

(H. S.)

10

Andante

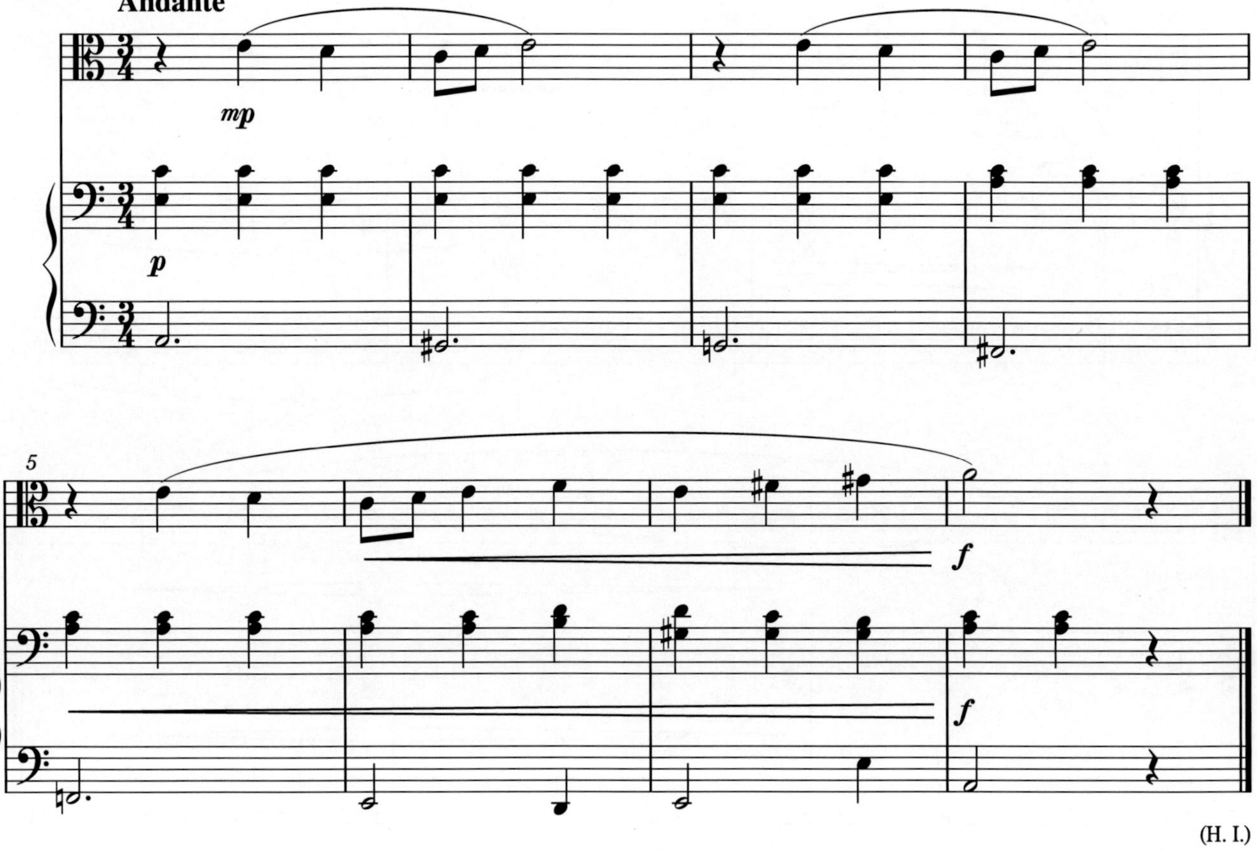

(H. I.)

11

Moderato

(H. I.)

12

Moderato

(R. N.)

13

Andante

(H. E.)

14 Andantino

(A. I.)

15 Andante

(Y. T.)

16

Andante
mp
mf
mp
mp
mf
mp
5
p cresc.
mf
p
cresc.
mf

(H. S.)

17

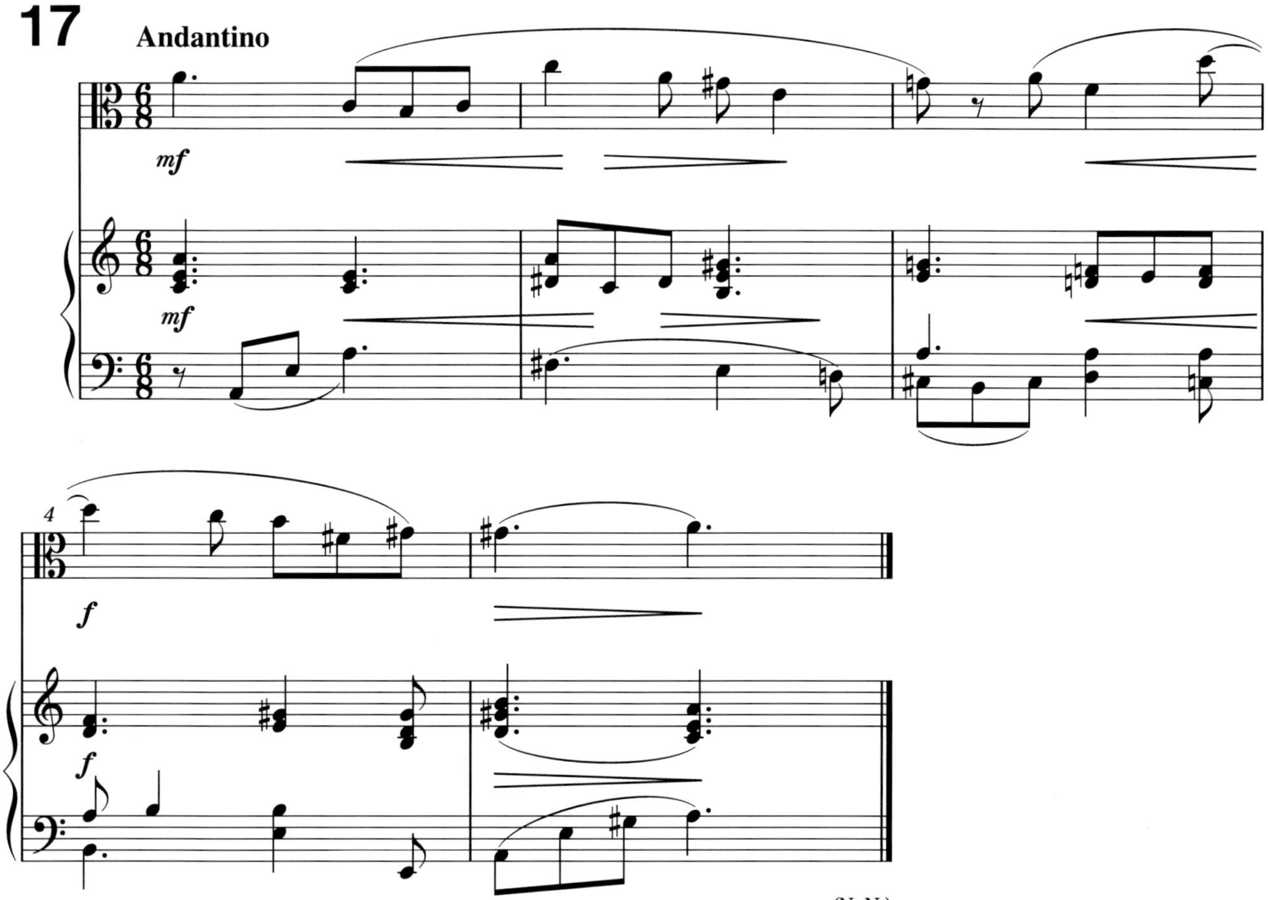
Andantino
mf
mf
4
f
f

(N. N.)

18 Allegretto

(H. I.)

19 Tempo di Valse

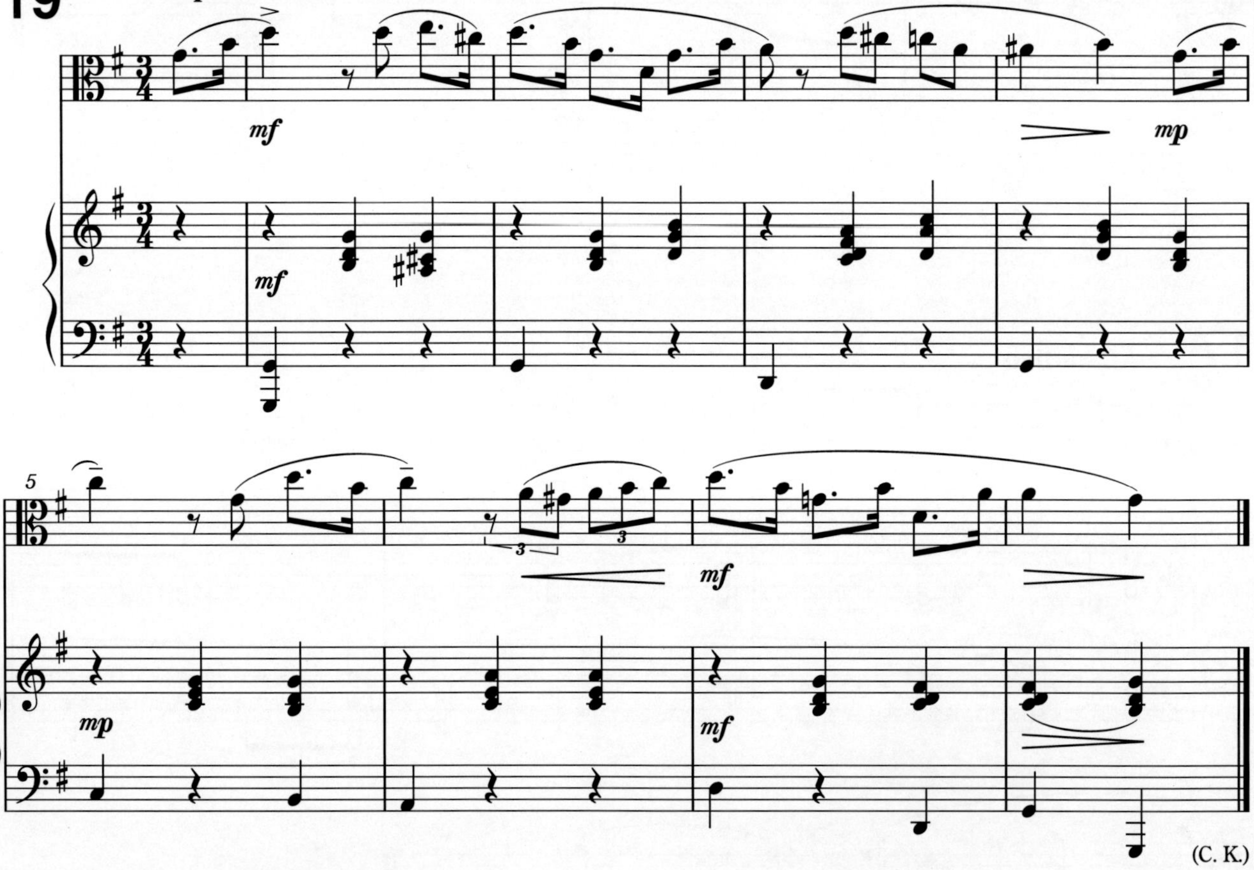

(C. K.)

20

Adagietto

(C. K.)

21

Moderato

(H. I.)

22

Moderato

(R. N.)

23

Andante

(R. N.)

24

Andante

(A. I.)

25

Andante moderato

(H. S.)

26 **Moderato**

(H. S.)

27 **Tempo di Valse**

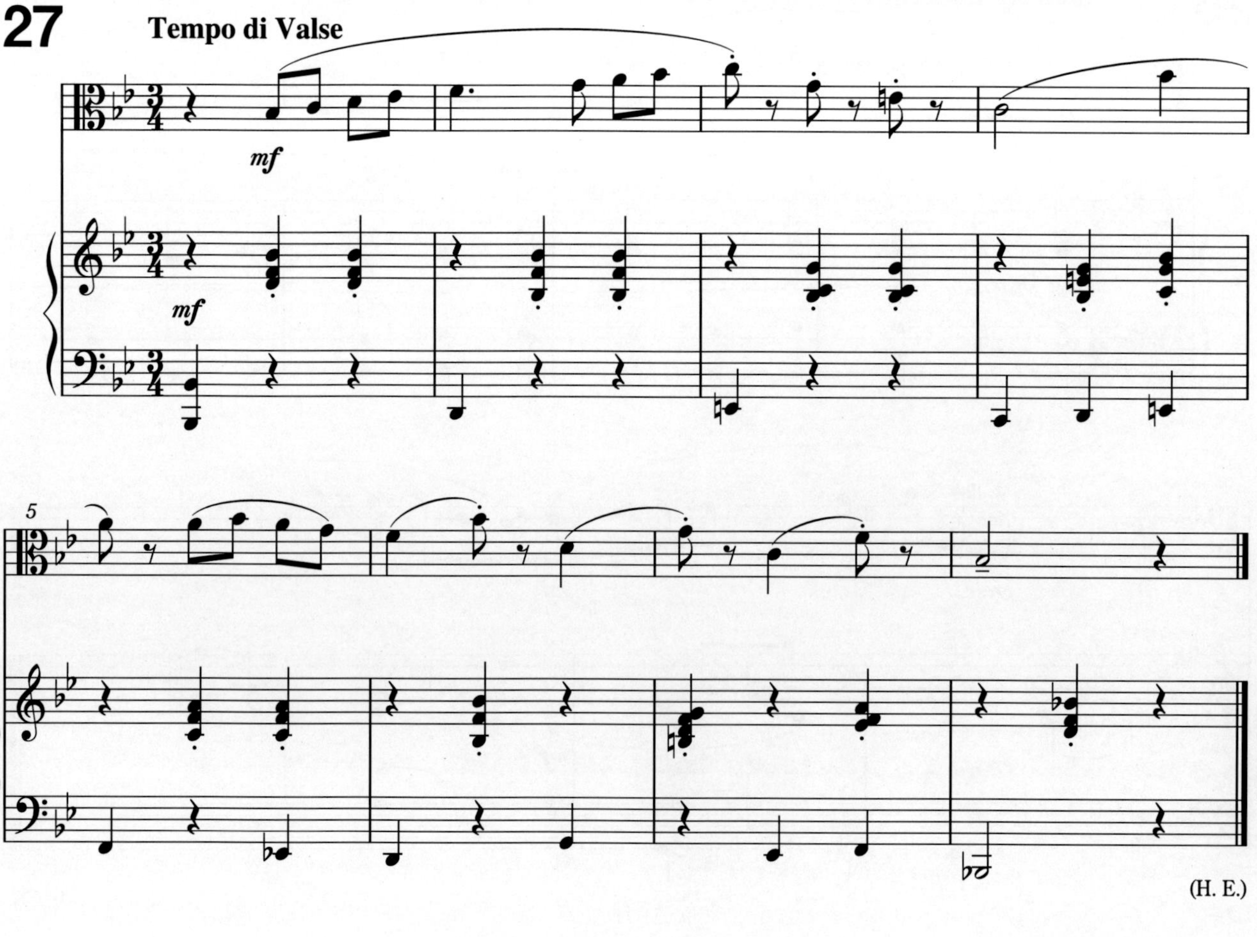

(H. E.)

28

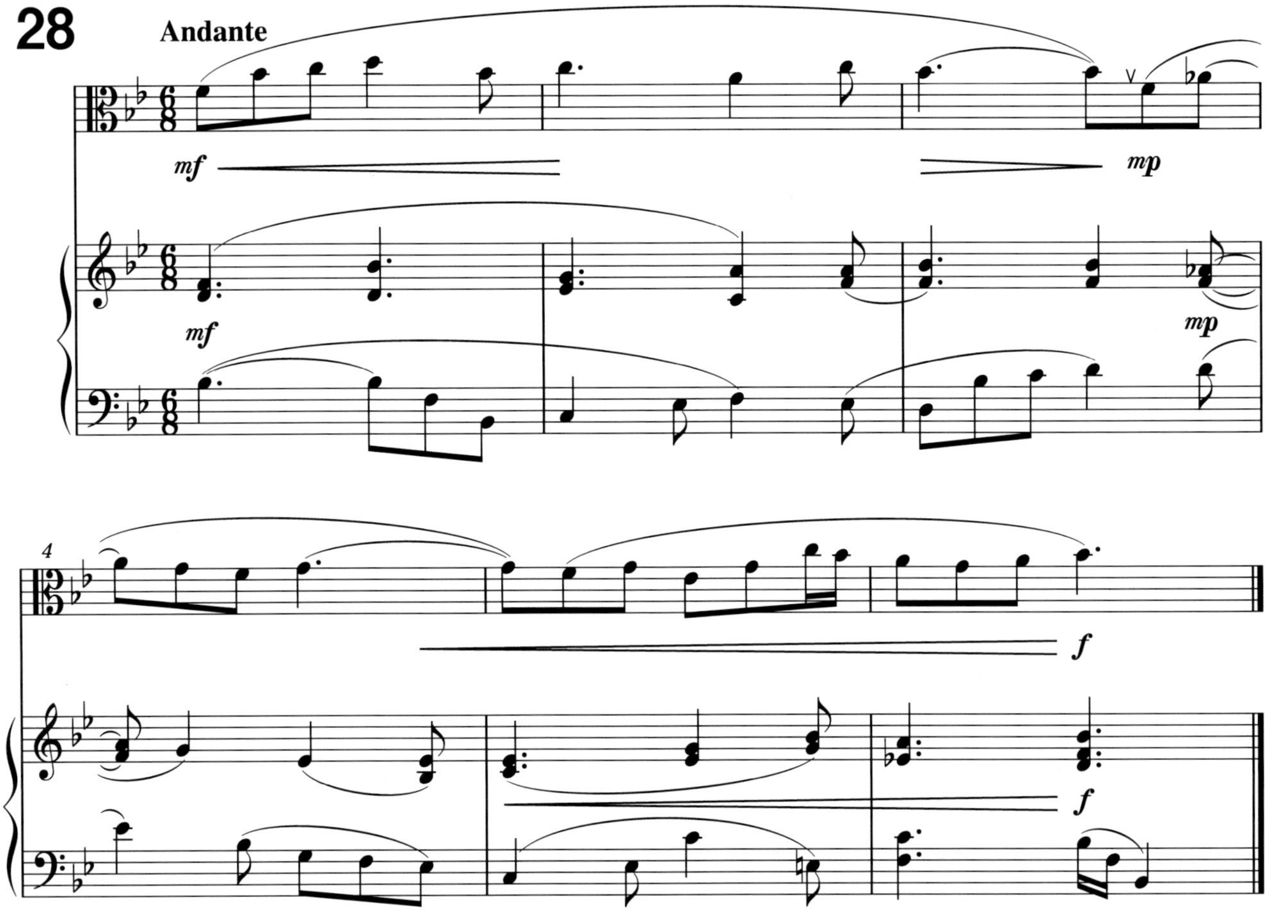

(N. N.)

29

(H. E.)

30

Andante

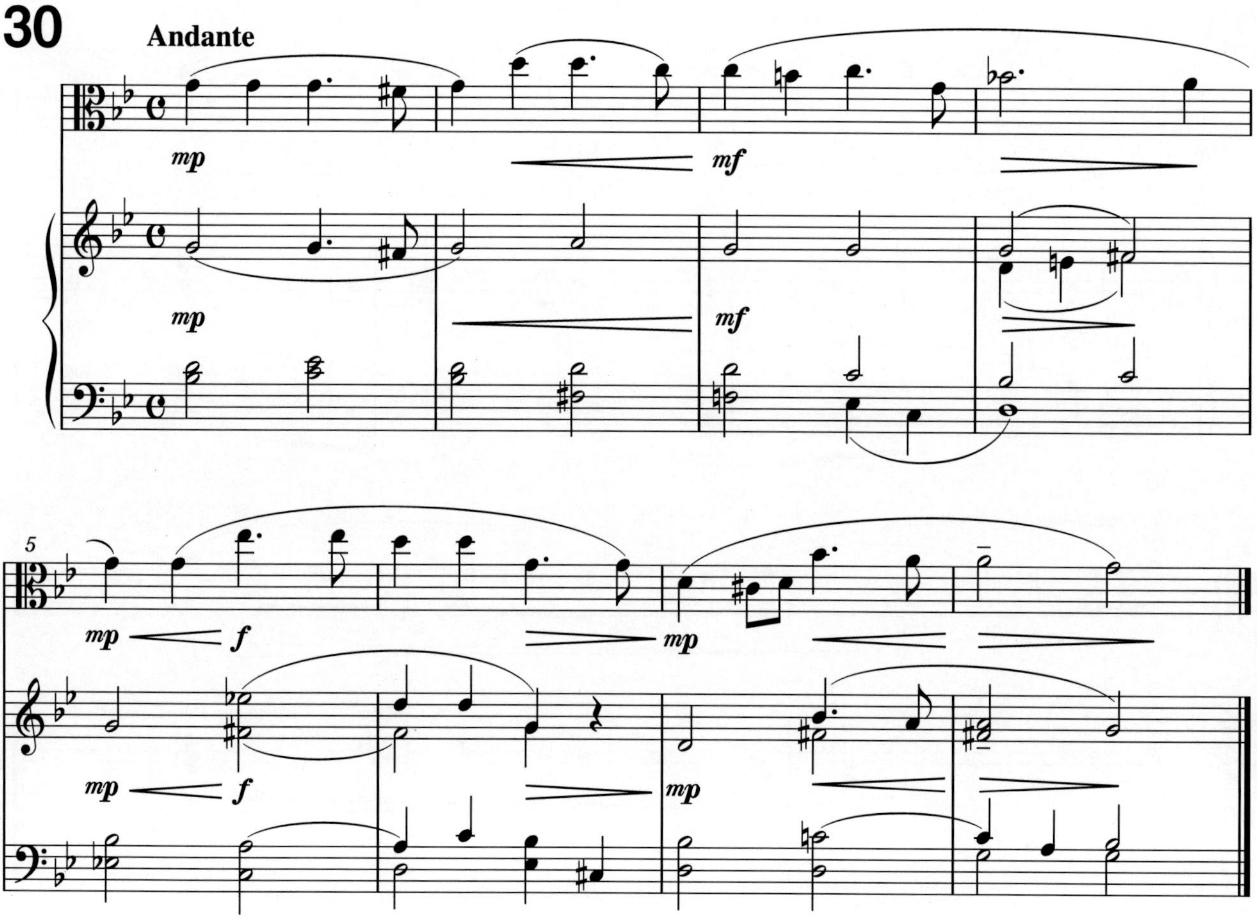

(Y. T.)

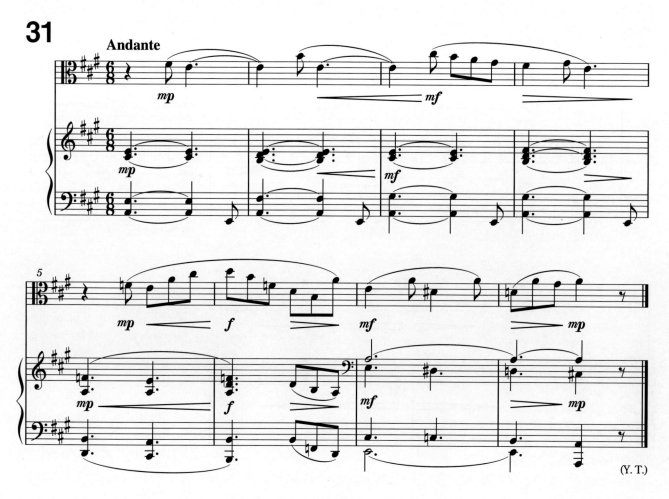

31

Andante

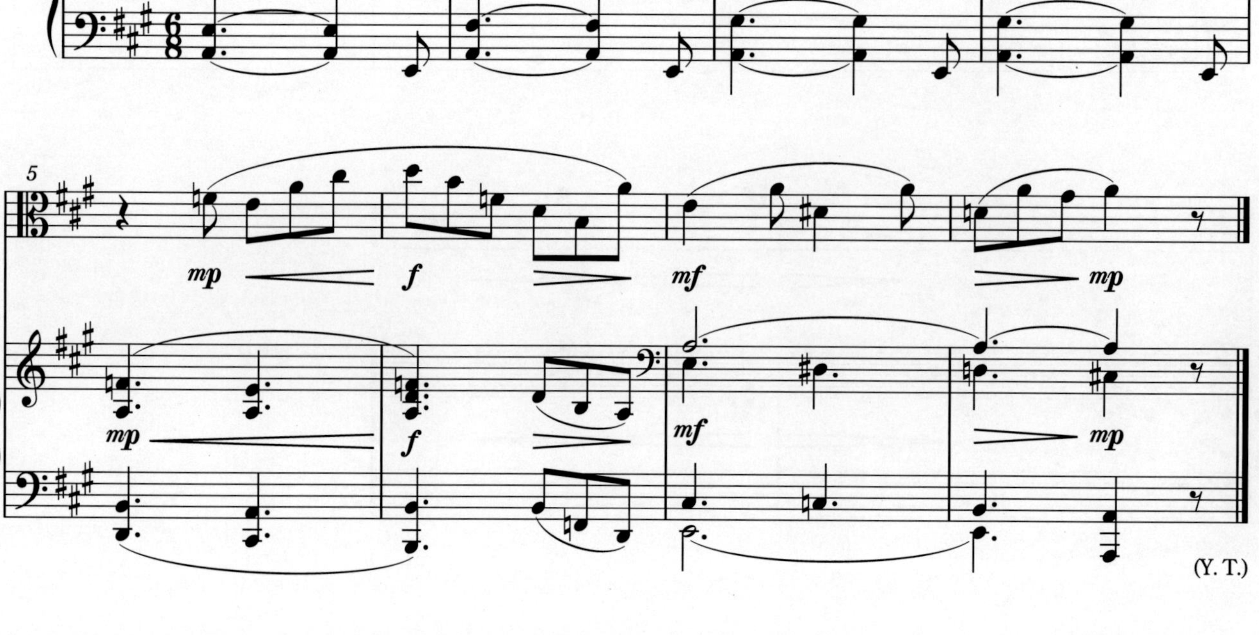

(Y. T.)

32

(Y. T.)

33

(N. N.)

34

Andantino

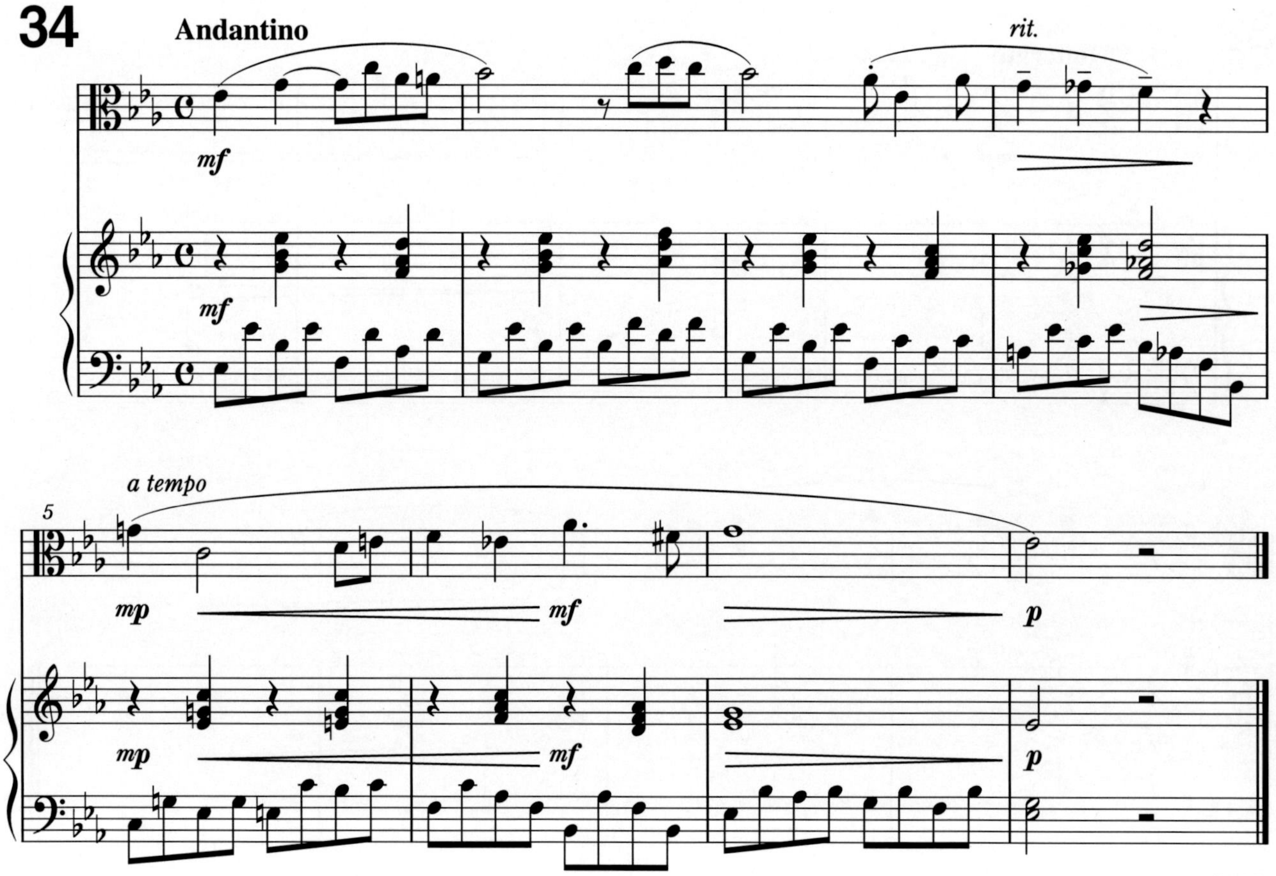

(N. N.)

35

Moderato

(N. N.)

36

Allegretto

(N. N.)

伴奏付き単旋律課題（テノール記号）

1

(H. I.)

2

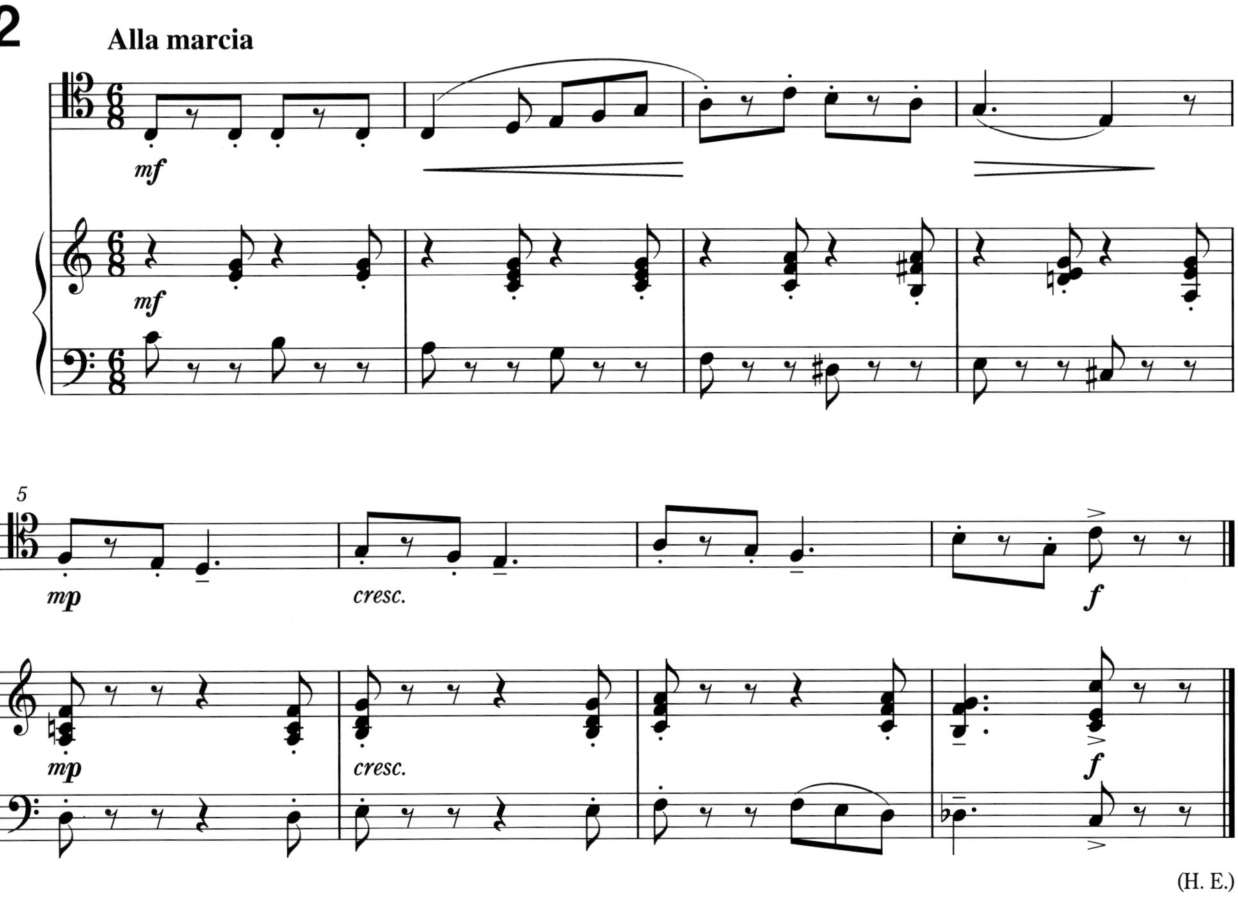

(H. E.)

3 Moderato

(R. N.)

4 Moderato

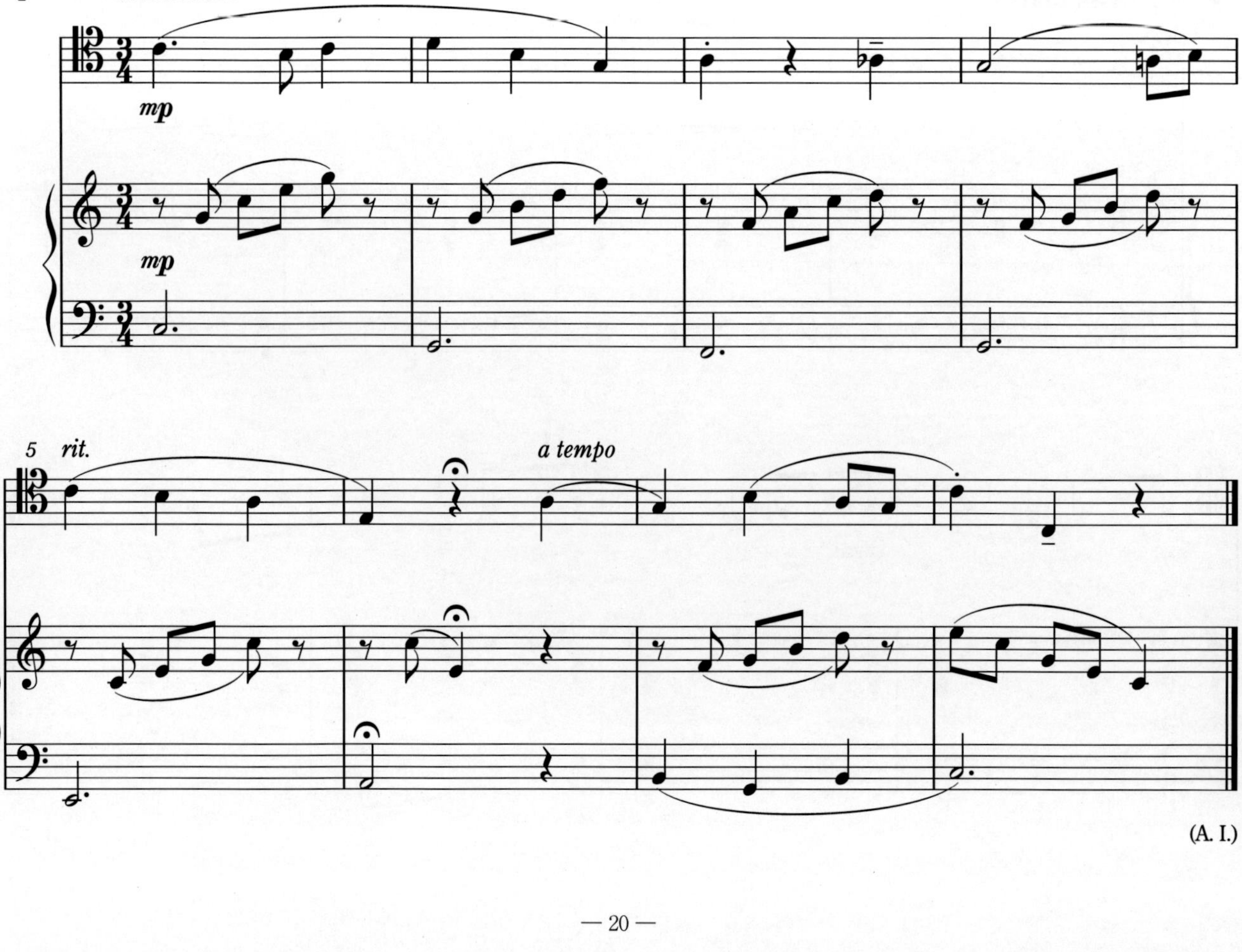

(A. I.)

5

Andante

(Y. T.)

6

Moderato

(H. S.)

7

Andantino

(N. N.)

8

Moderato

(M. S.)

9

Moderato

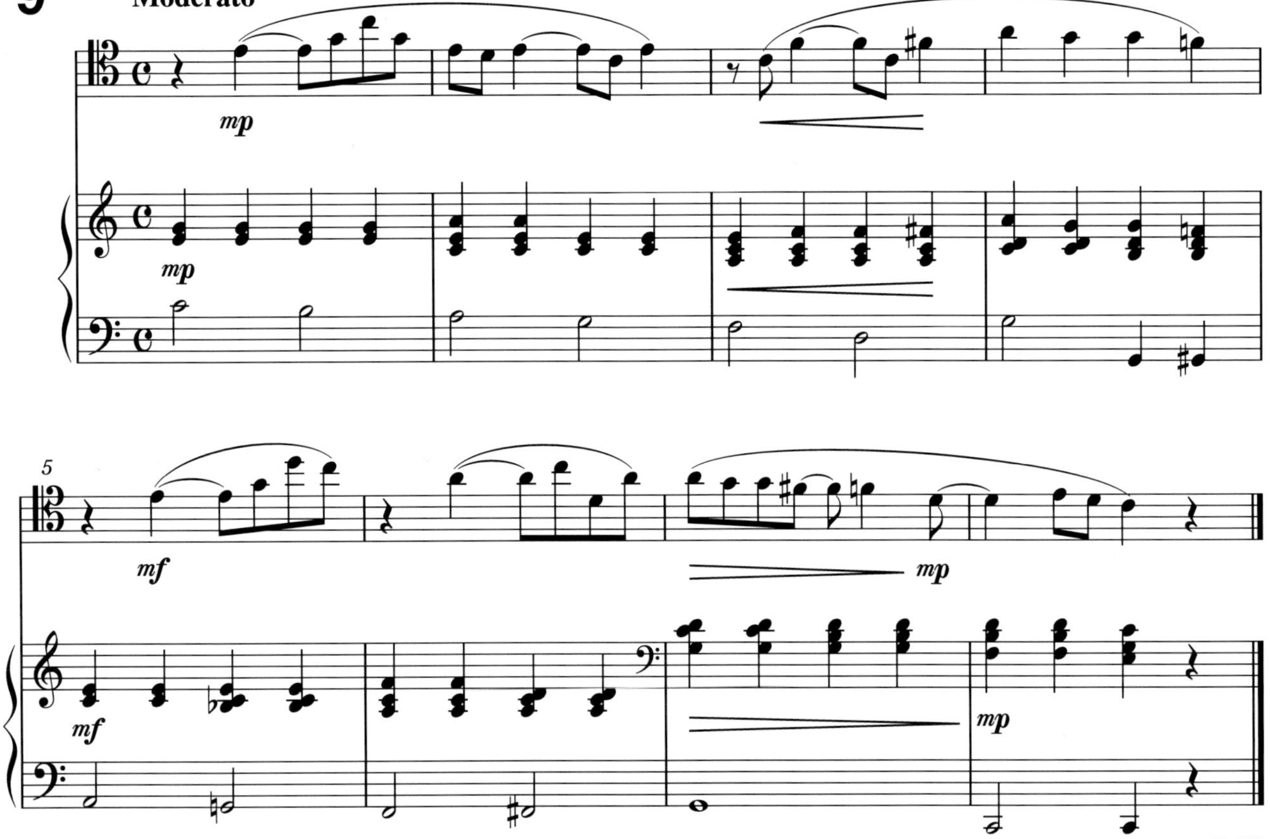

(C. K.)

10

Andantino

(H. E.)

11 Lamentoso

(H. I.)

12 Andantino

(M. S.)

13 Andante

(R. N.)

14 Alla marcia

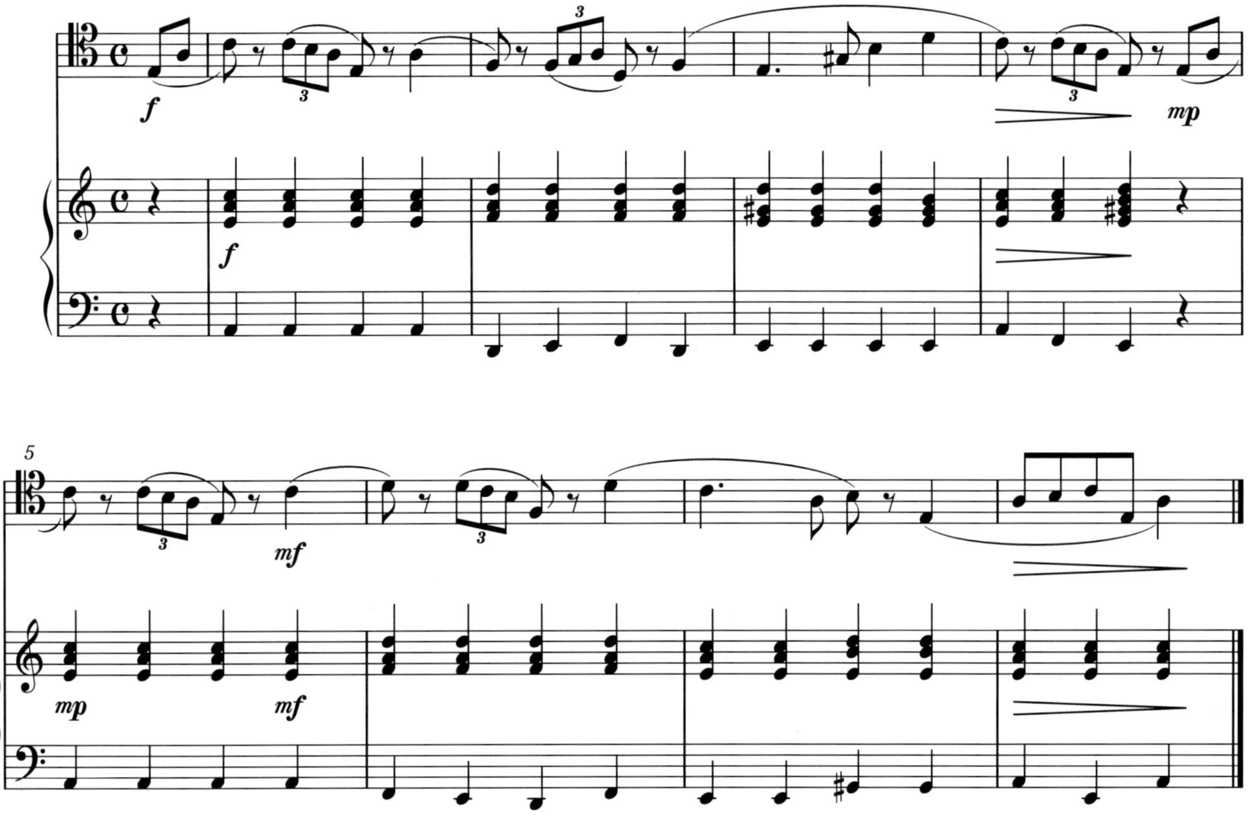

(A. I.)

15 Allegretto

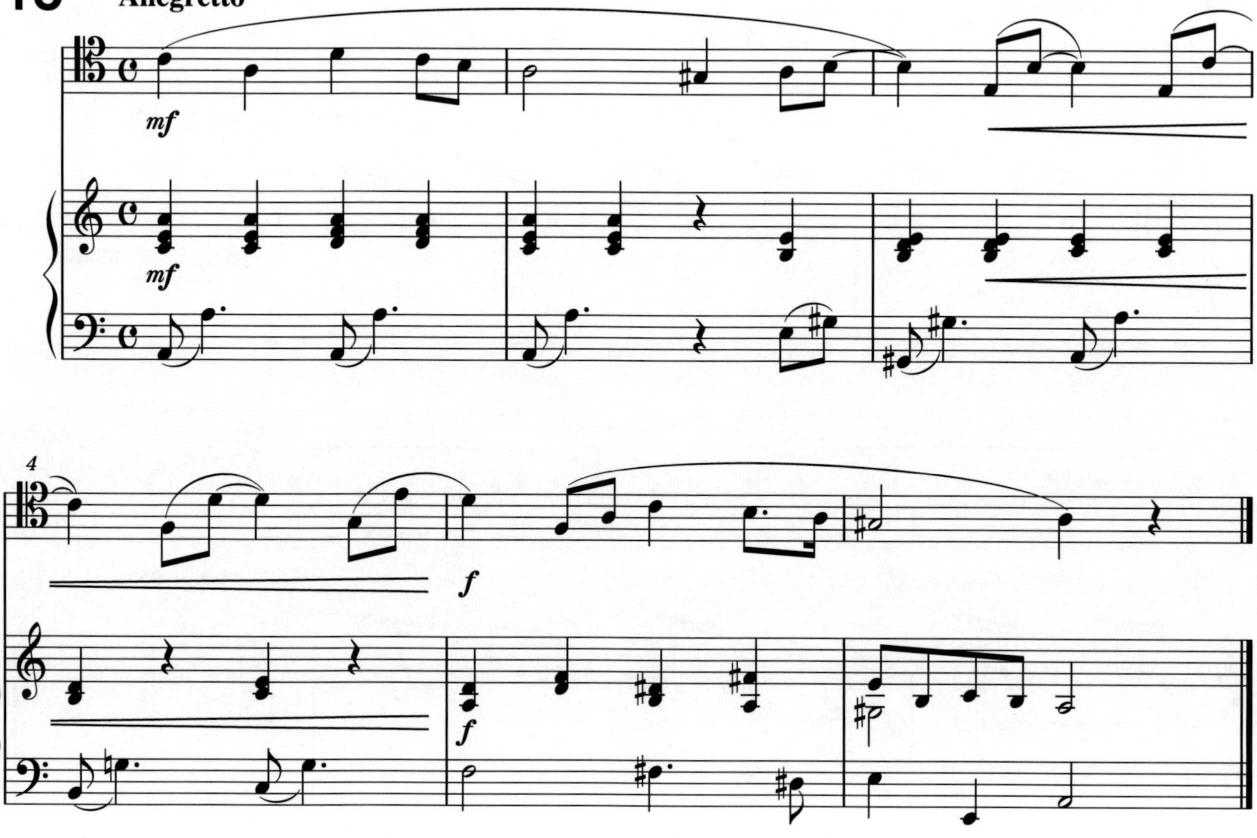

(N. N.)

16 Moderato

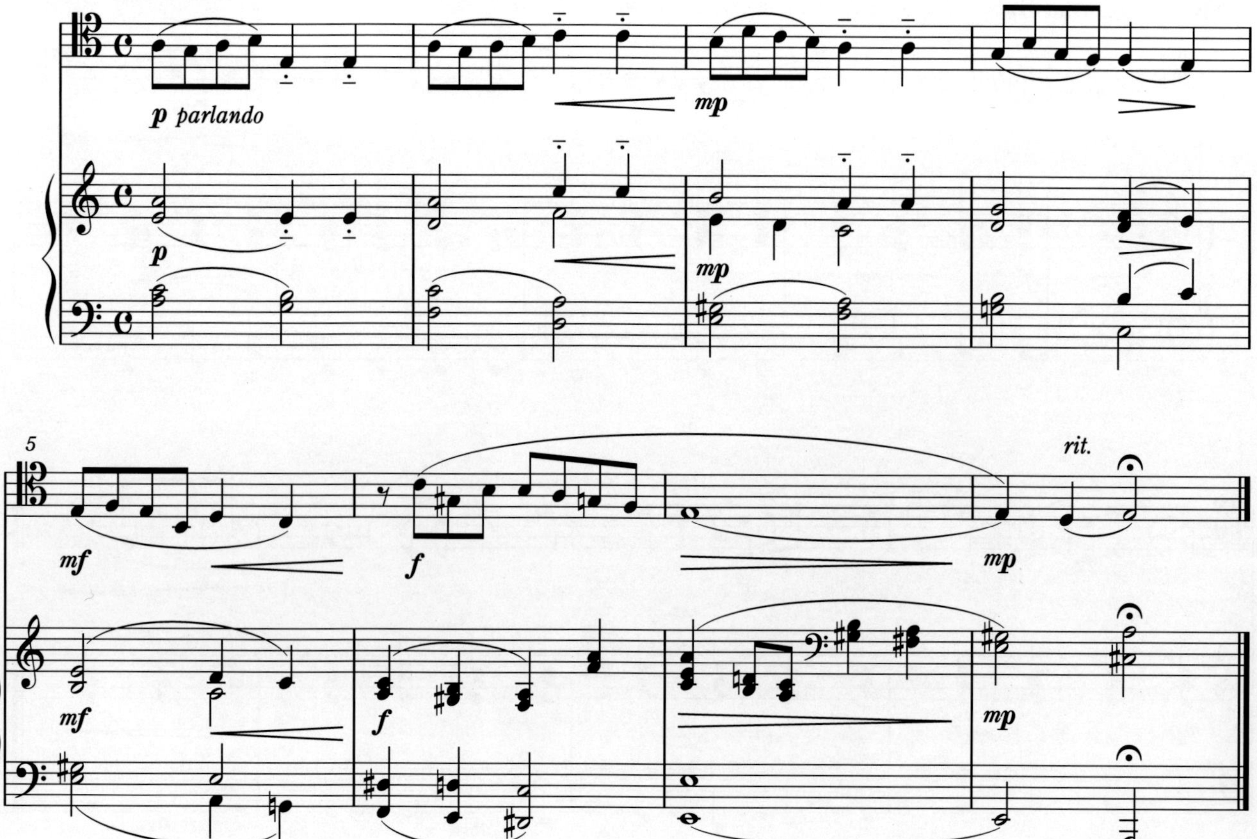

(Y. T.)

17 **Andante**

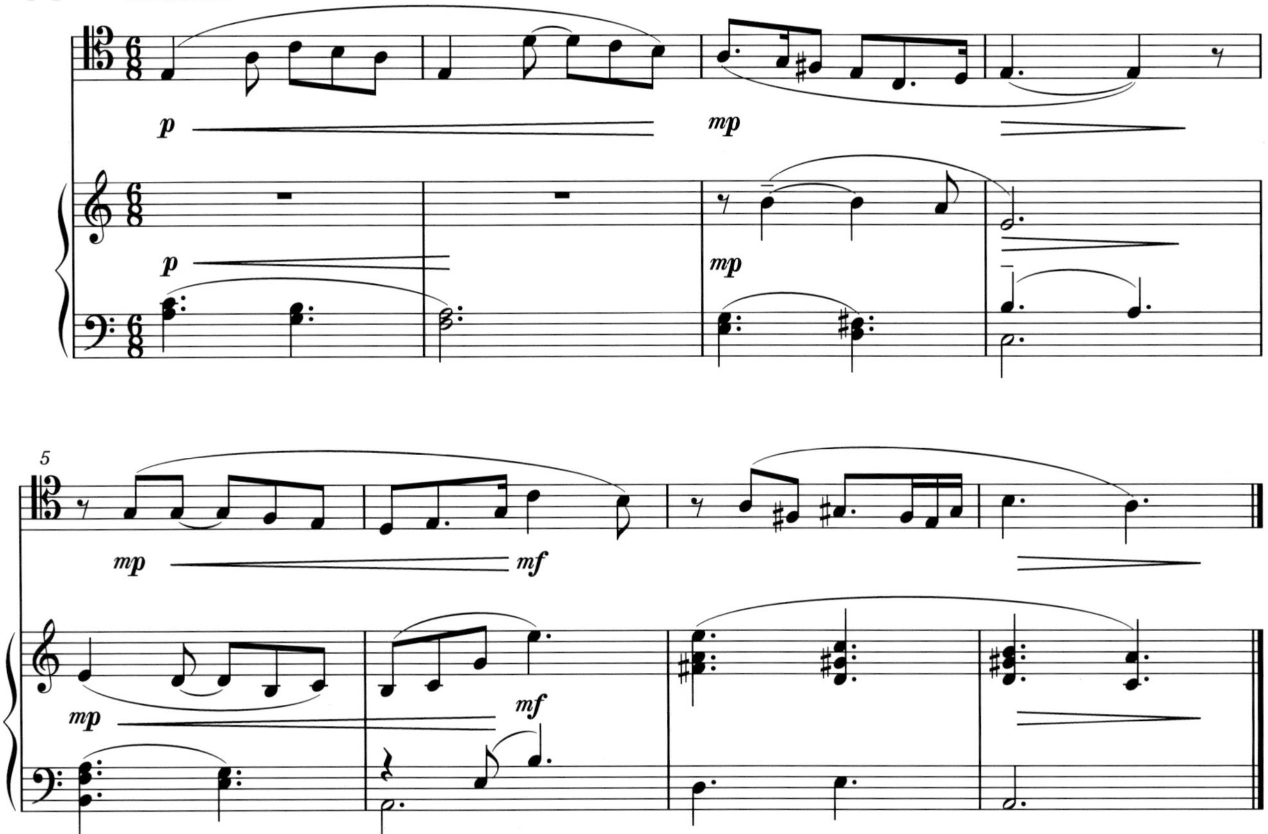

(H. S.)

18 **Tempo di Mazurka**

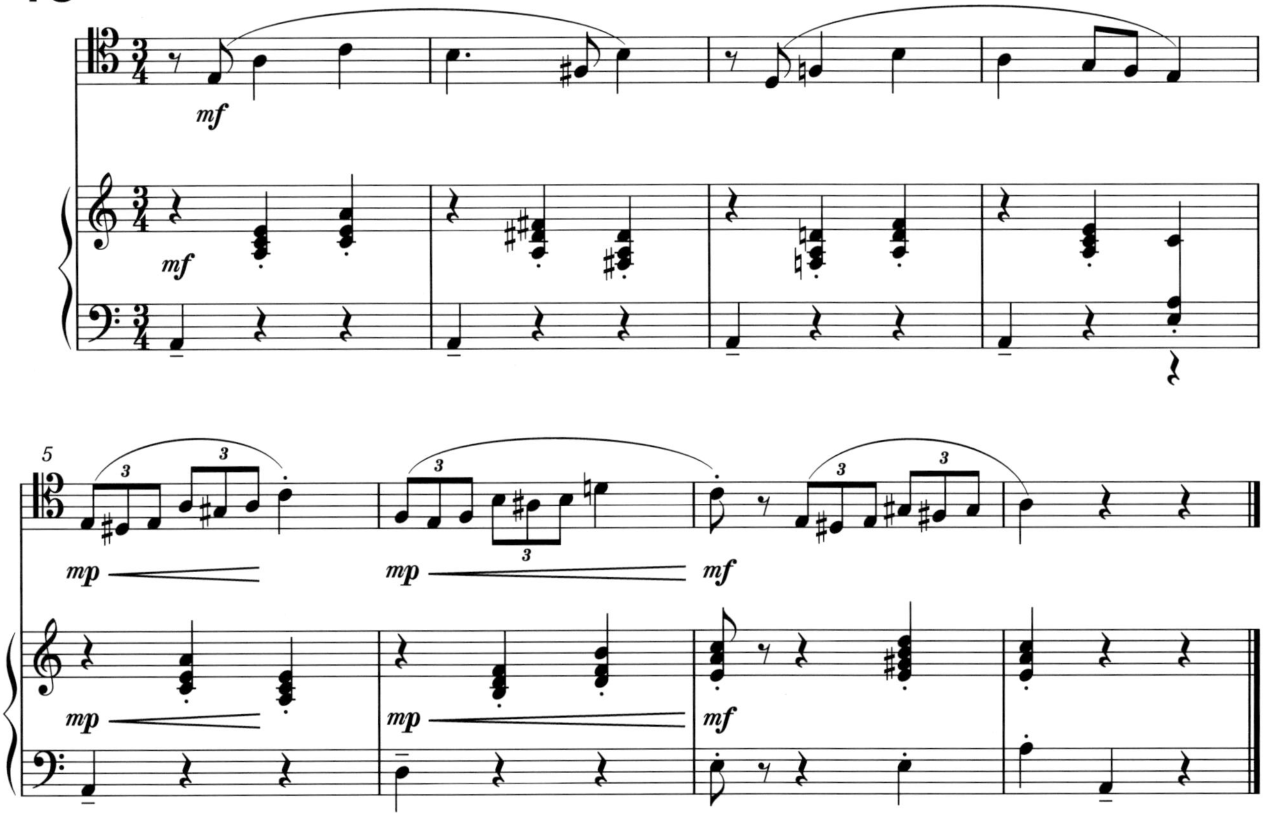

(C. K.)

19 Andante

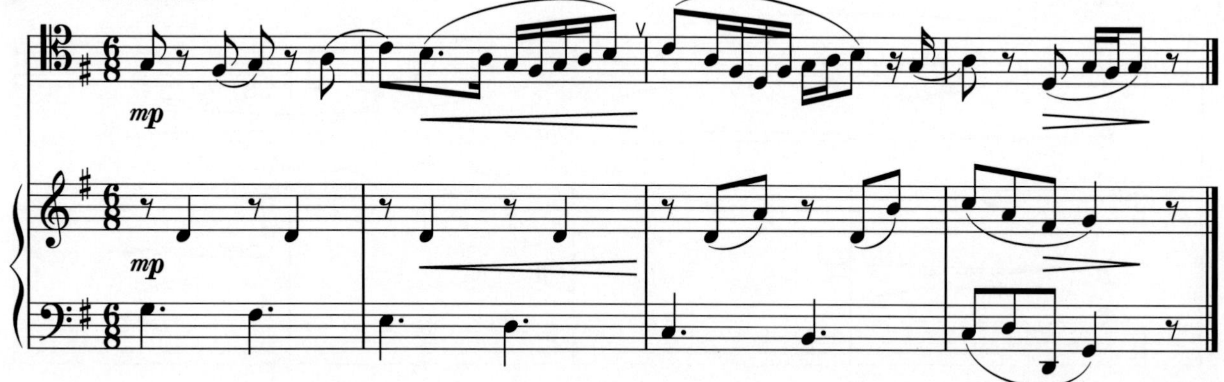

(A. I.)

20 Moderato

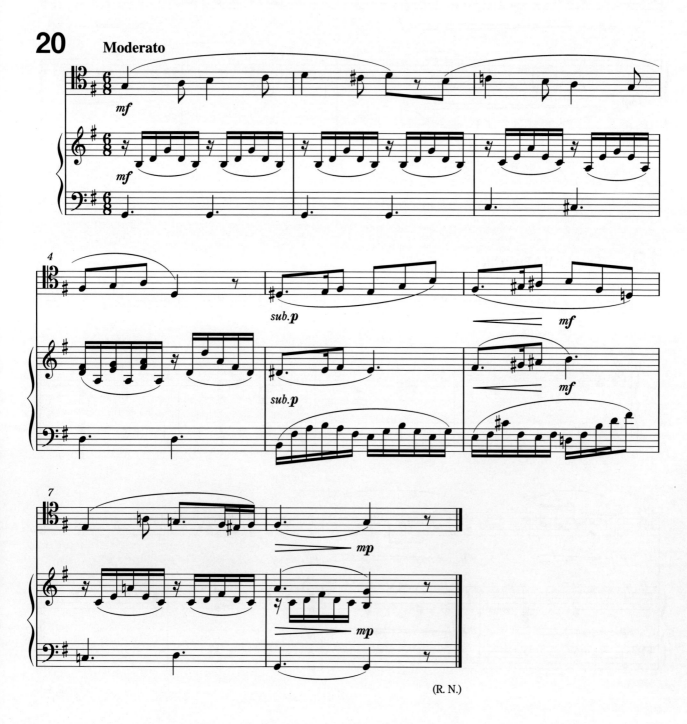

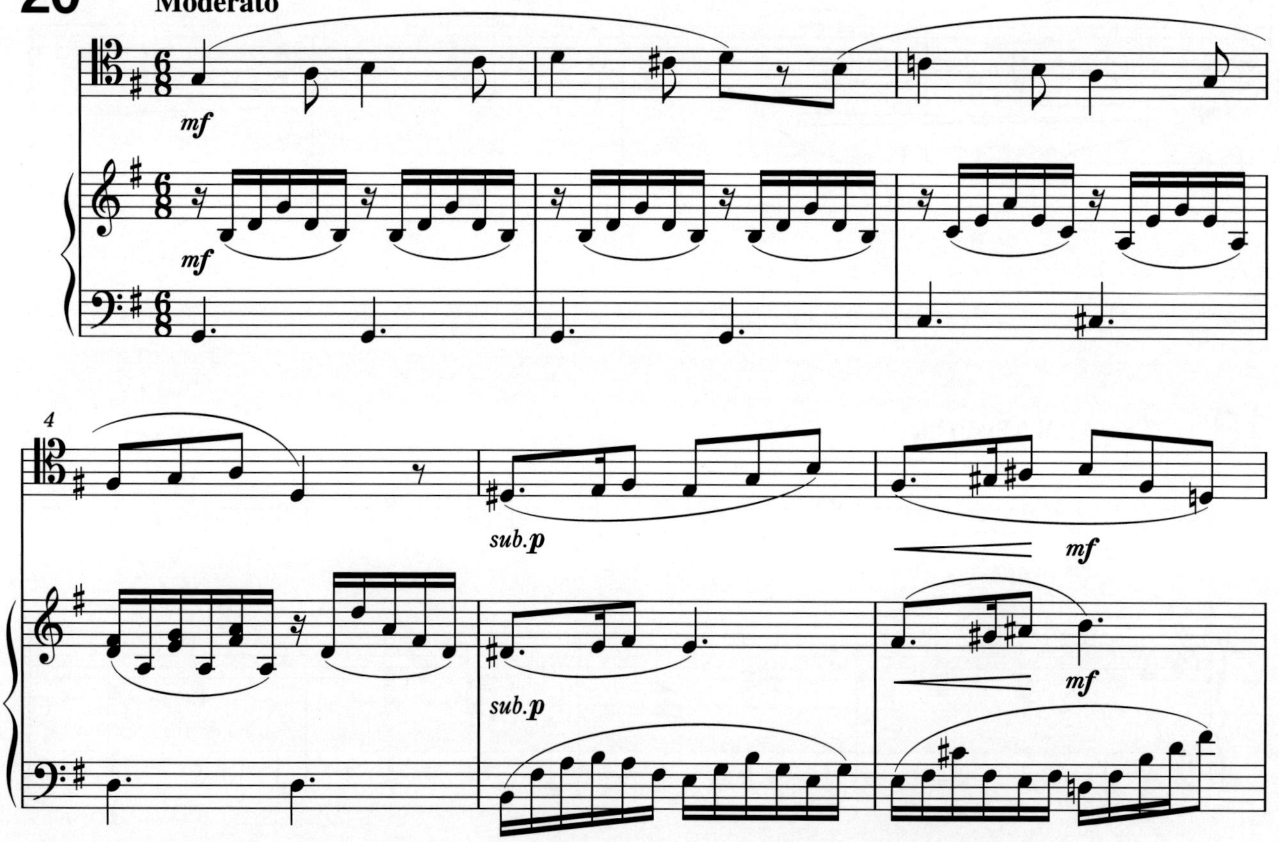

(R. N.)

21

Lamentoso

(A. I.)

22

Moderato

(R. N.)

23

Allegretto

(C. K.)

24

Allegretto

(H. I.)

25

(H. I.)

26

(C. K.)

27

Moderato

(H. E.)

28

Moderato

(M. S.)

29

Allegretto

(M. S.)

30

Andante

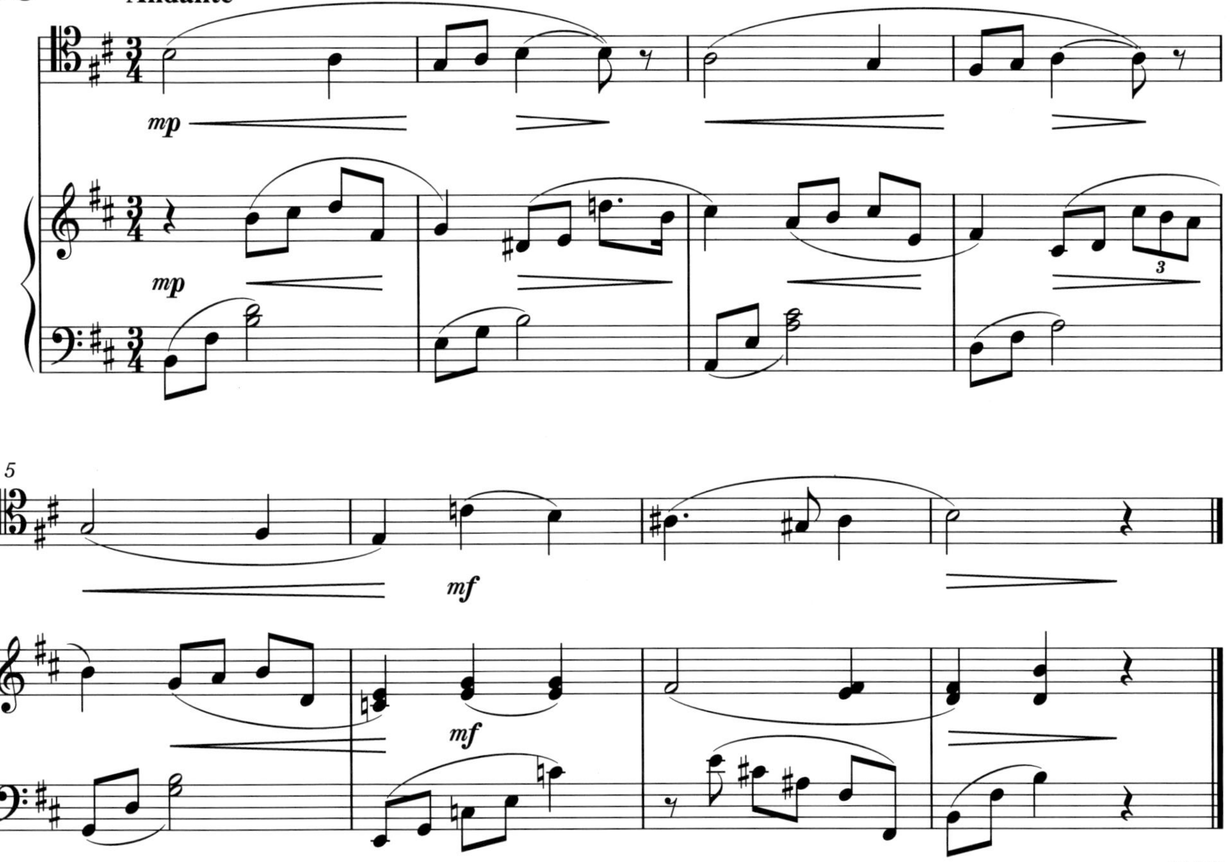

(H. E.)

31

(H. S.)

32

(H. S.)

33

Allegro con brio

(Y. T.)

34

Andante

(N. N.)

35

Allegretto

(N. N.)

36

Allegretto

(Y. T.)

37

Moderato

(Y. T.)

38

Allegretto

(Y. T.)

伴奏付き単旋律課題（ソプラノ記号）

1

Allegretto

(C. K.)

2

Moderato

(H. I.)

3

Andante con moto
mf
mf
(A. I.)

4

Slowly
mp
cresc.
mf
mp
cresc.
mf
mf
mp
p
p
(H. E.)

5

Andante

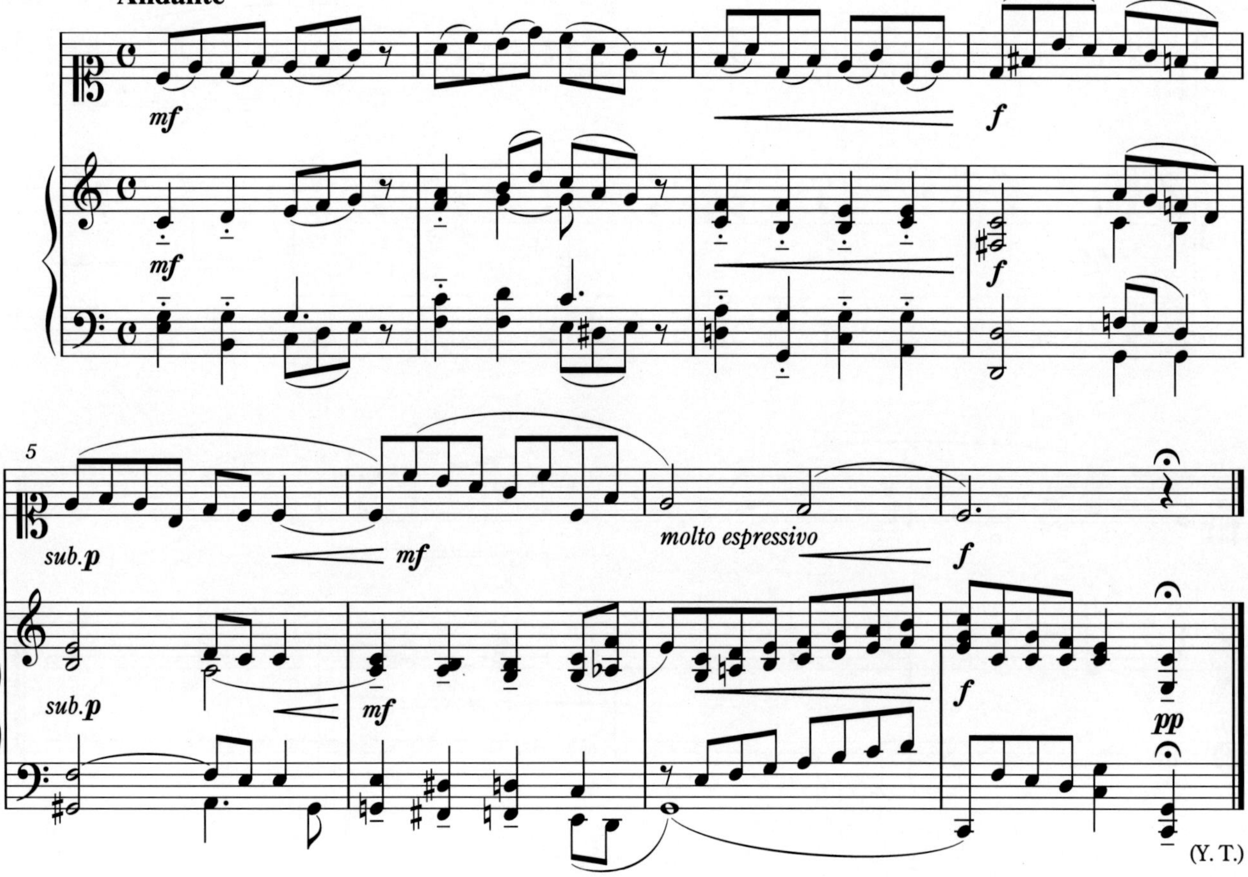

(Y. T.)

6

Moderato

(N. N.)

7

Andante grazioso

(M. S.)

8

Moderato

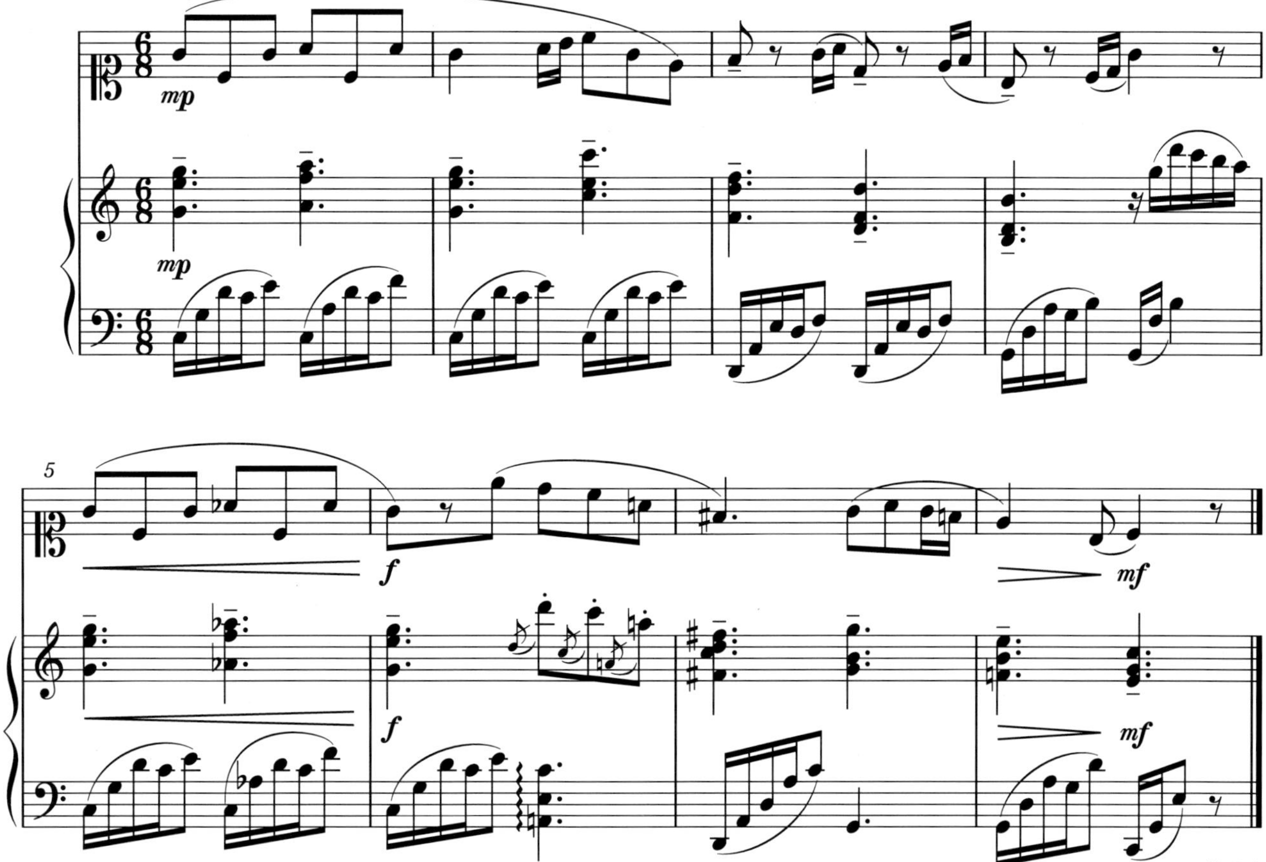

(R. N.)

9

Andante

(H. S.)

10

Andante

(H. I.)

11

Andantino

(N. N.)

12

Moderato

(M. S.)

13

Andante

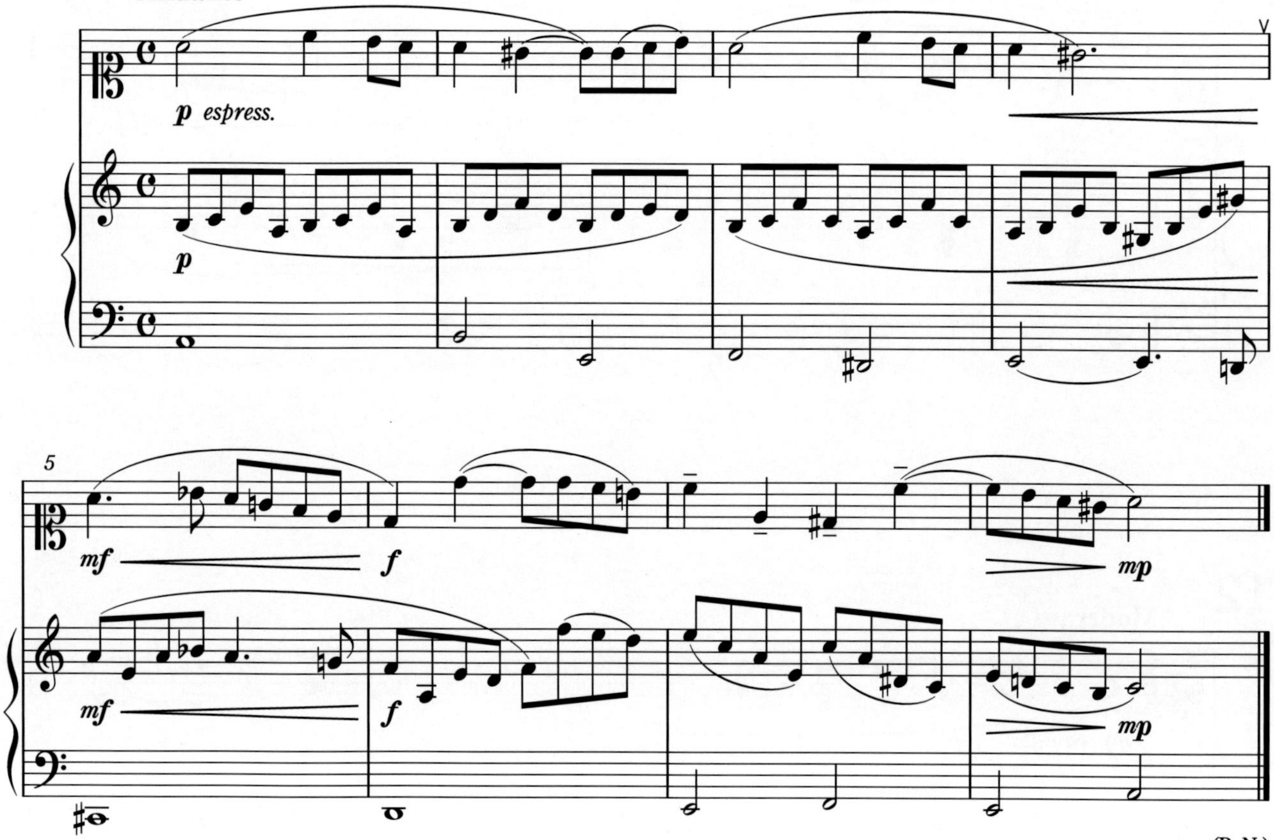

(R. N.)

14

Andante elegiaco

(Y. T.)

15

Allegro

(H. E.)

16

Moderato

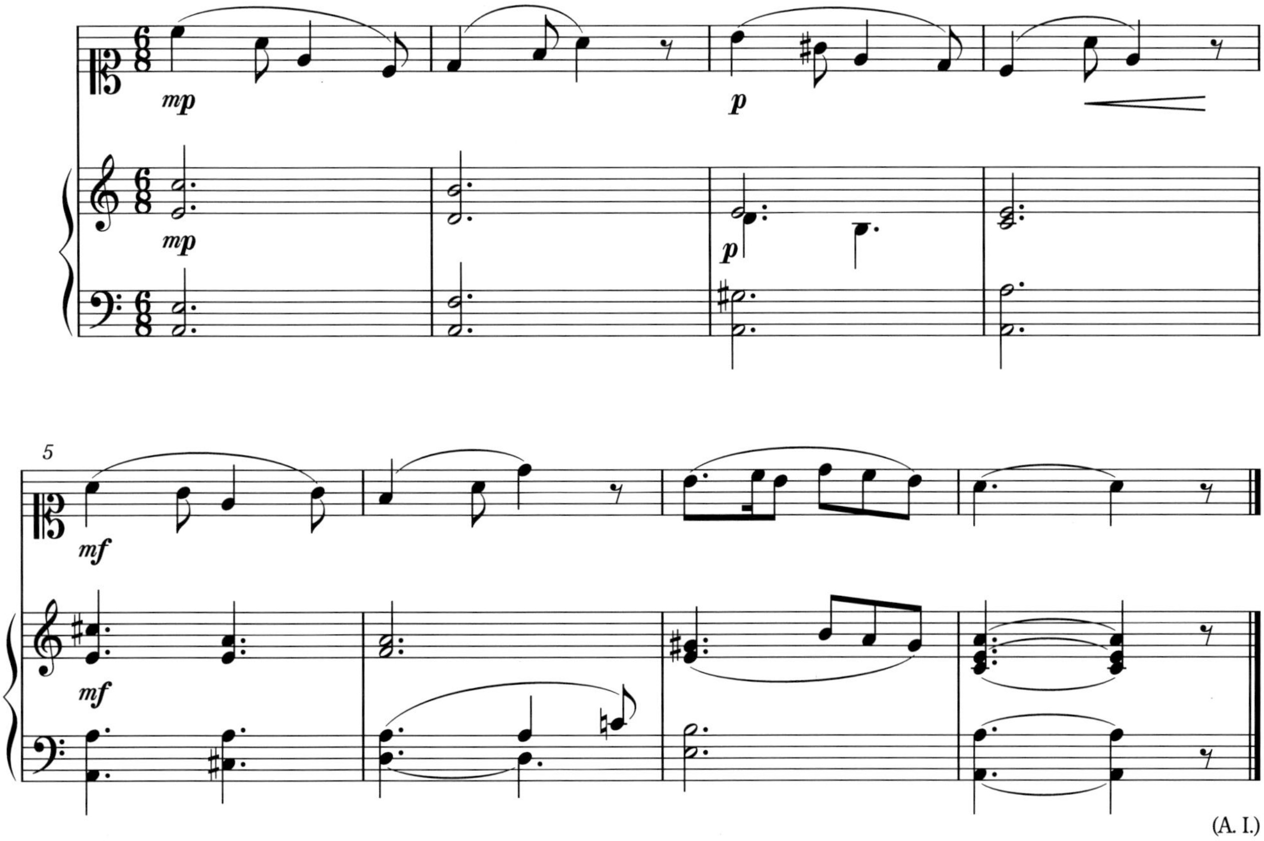

(A. I.)

17

Moderato

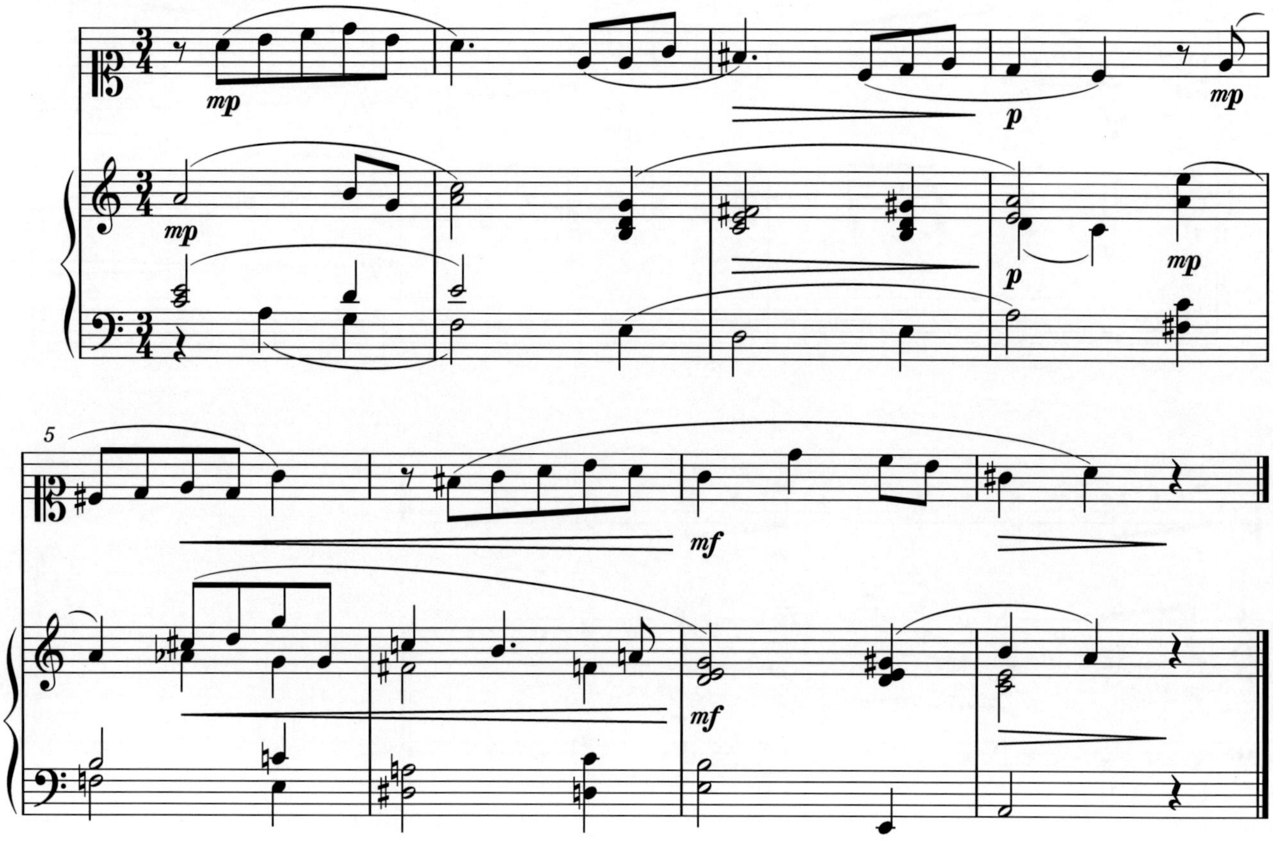

(H. S.)

18

Moderato cantabile

(Y. T.)

19 Moderato

(H. S.)

20 Moderato non troppo

(Y. T.)

21

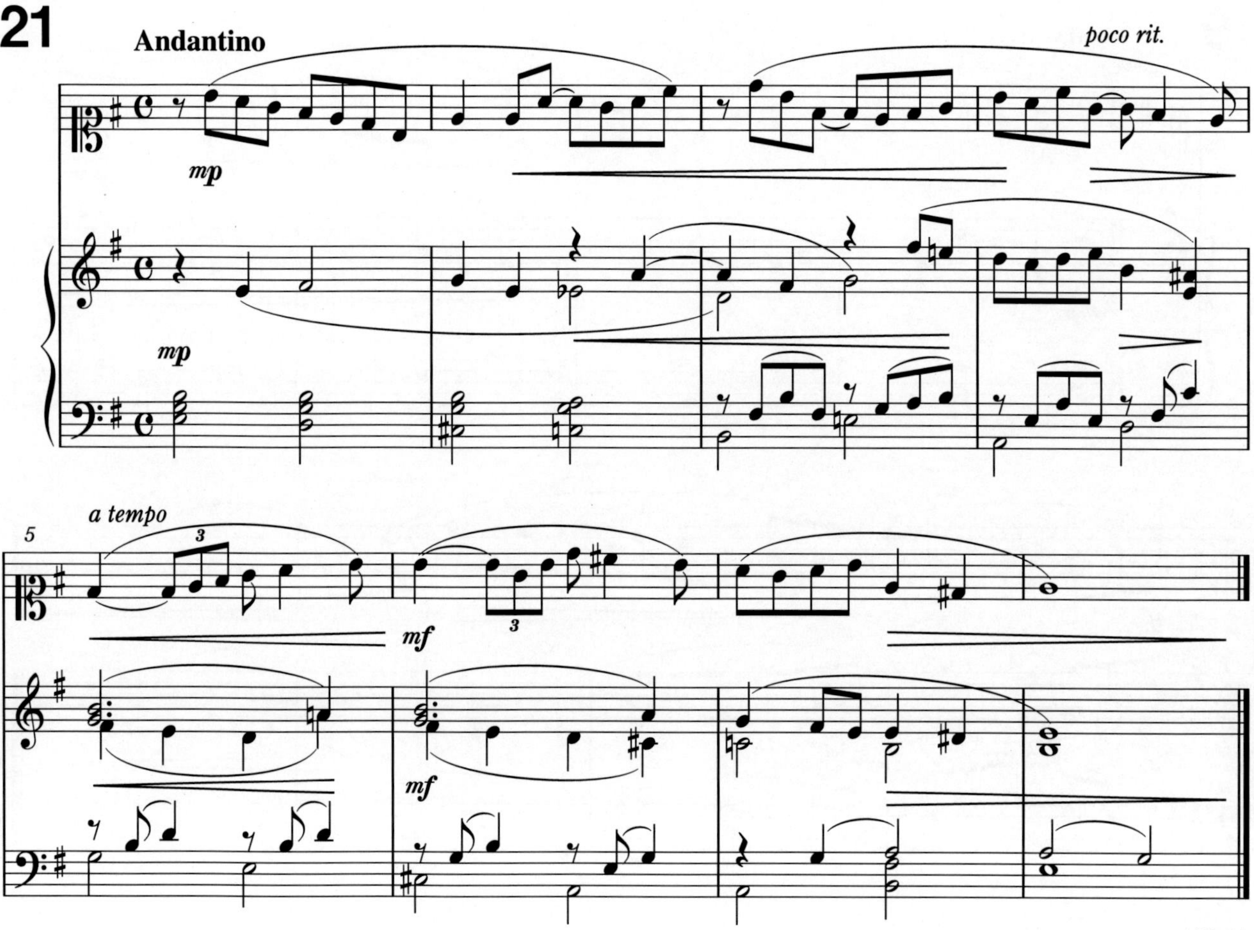
Andantino
poco rit.
mp
mp
a tempo
mf
mf

(H. S.)

22

Allegro con brio
f
sub.mp cresc.
f
sub.mp cresc.
f
f

(H. E.)

23

Andantino

(N. N.)

24

Moderato

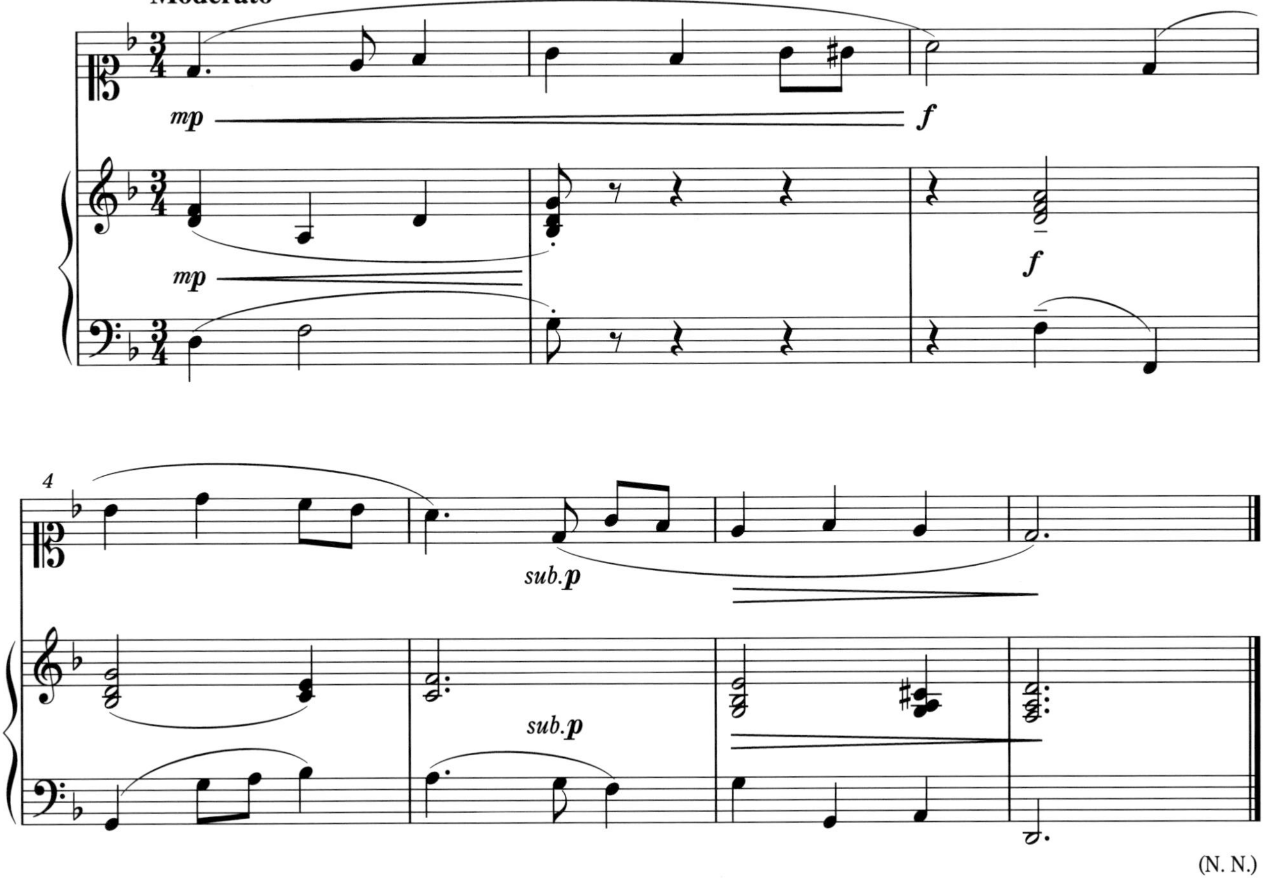

(N. N.)

25

Andantino

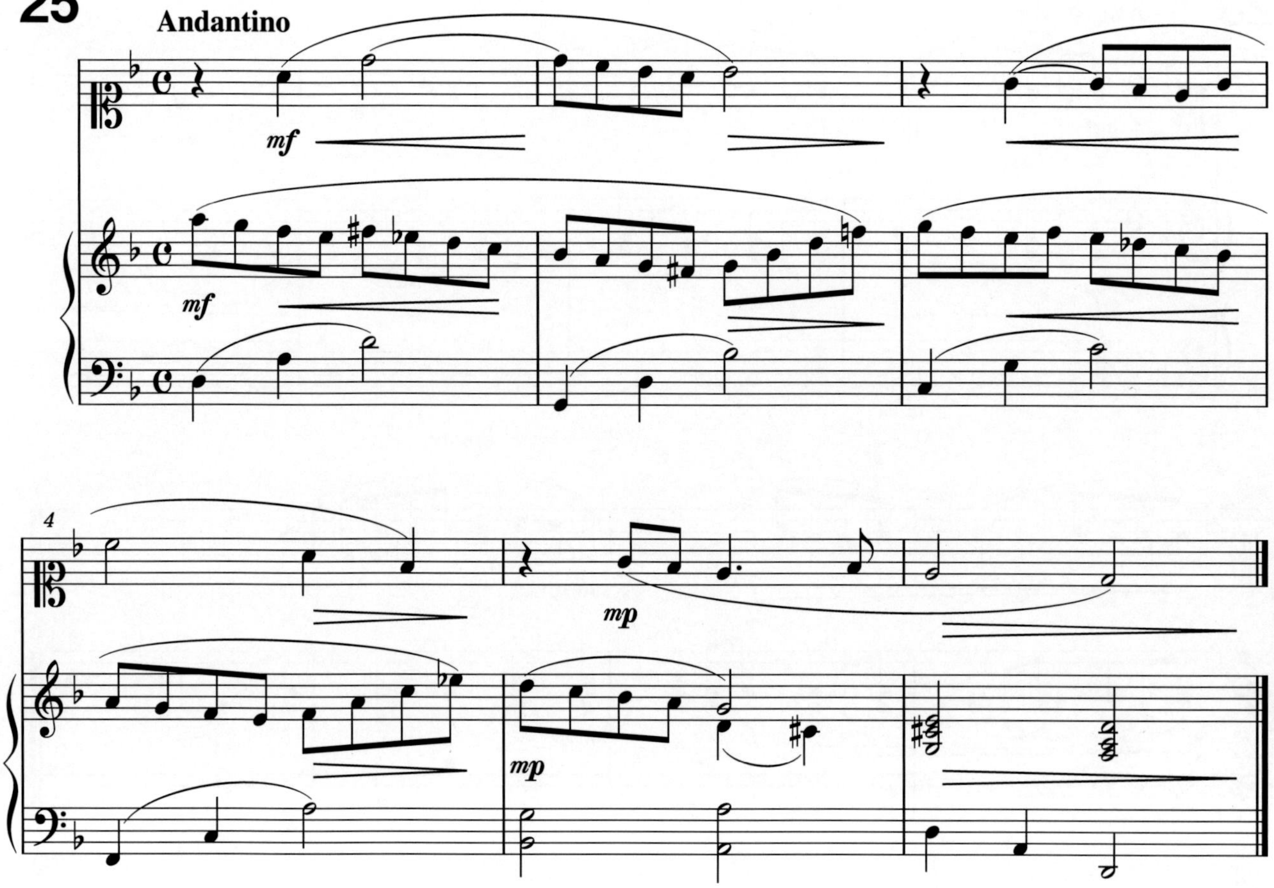

(H. E.)

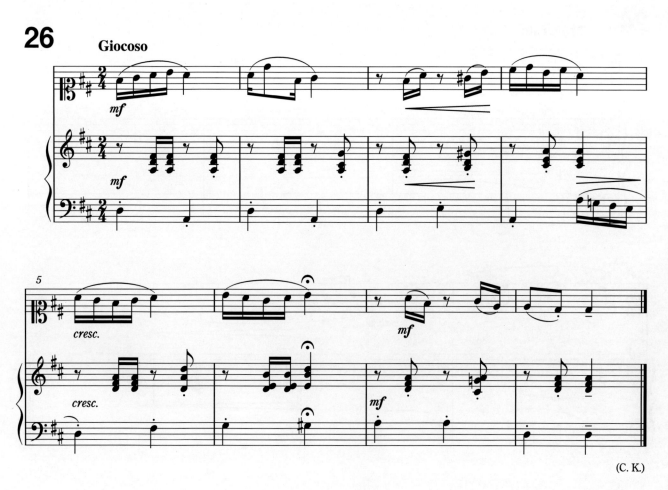

26

Giocoso

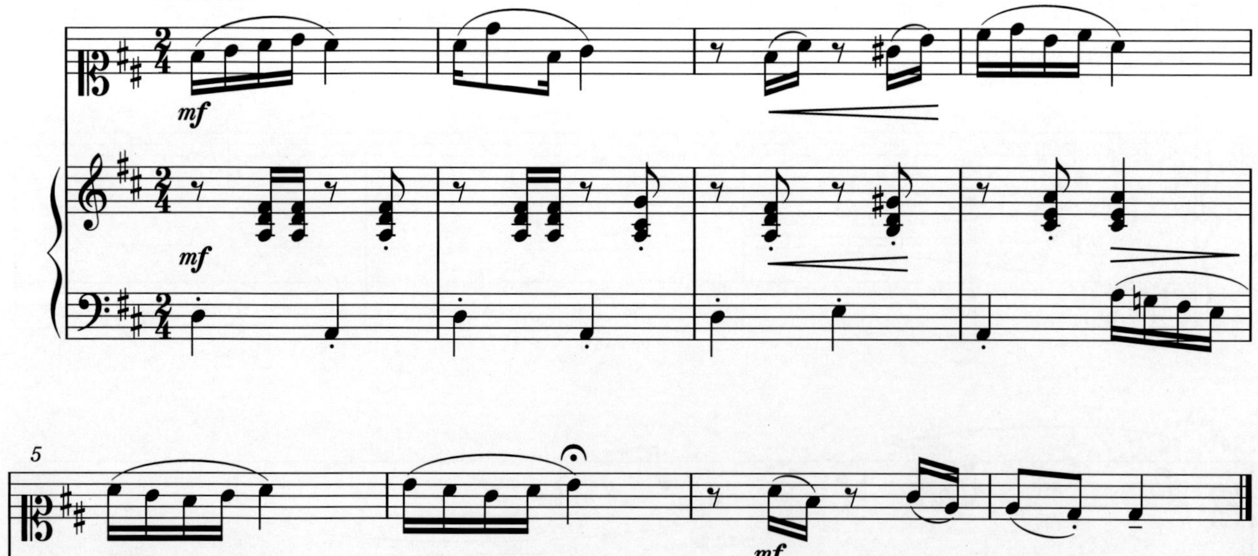

(C. K.)

27

Lento

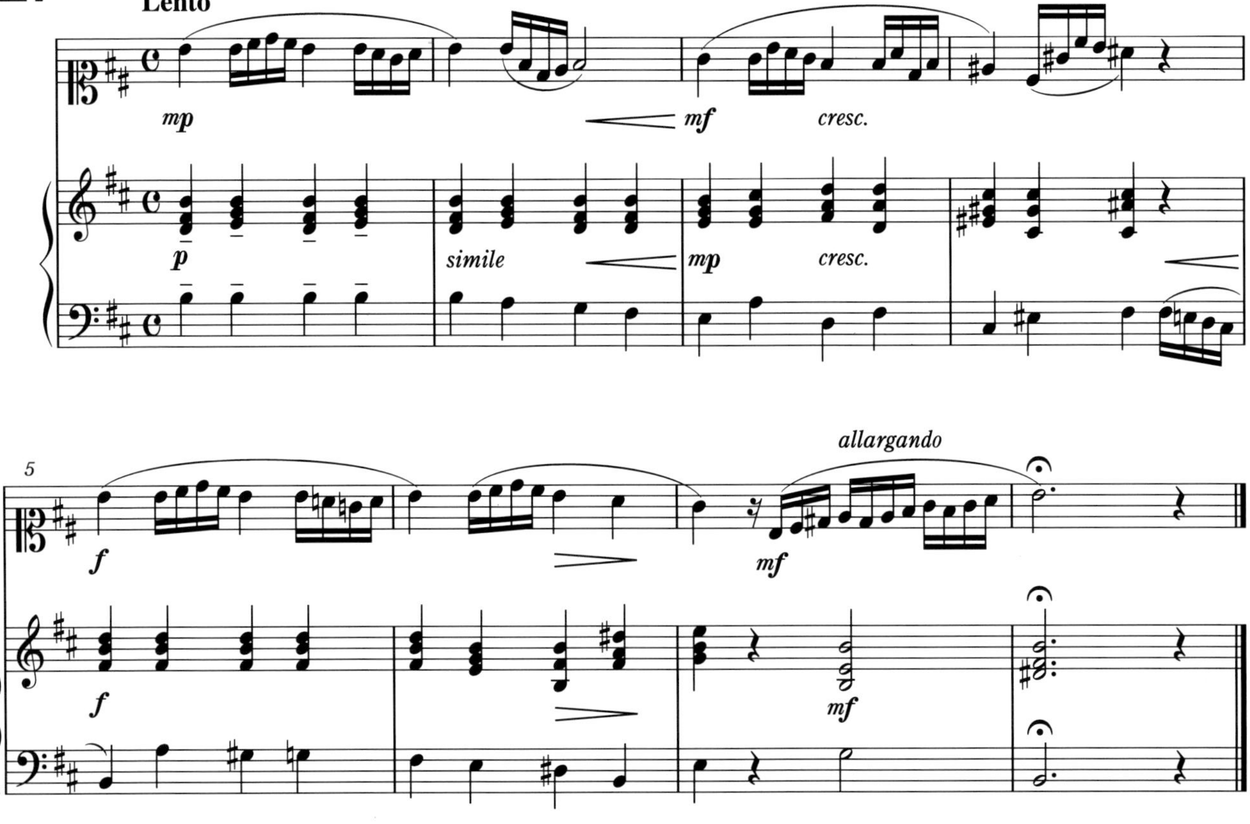

(C. K.)

28

Tempo di marcia

(M. S.)

29

Andantino

(A. I.)

30

Tempo di Valse

(M. S.)

31

(A. I.)

32

Leggiero (♩.=72)

(H. I.)

33

Dolente (♪=100)

(H. I.)

34

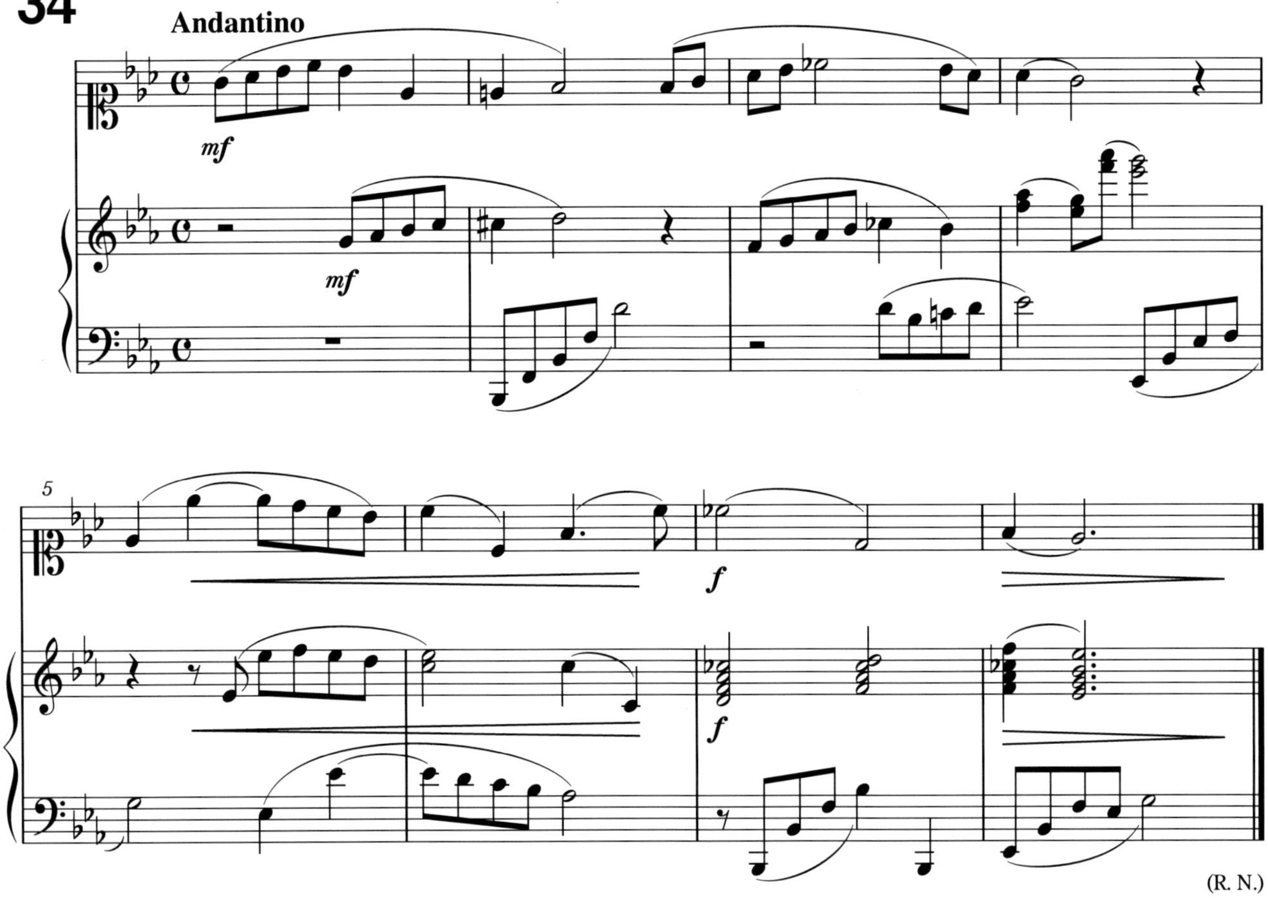
Andantino
mf
mf
5
f
f

(R. N.)

35

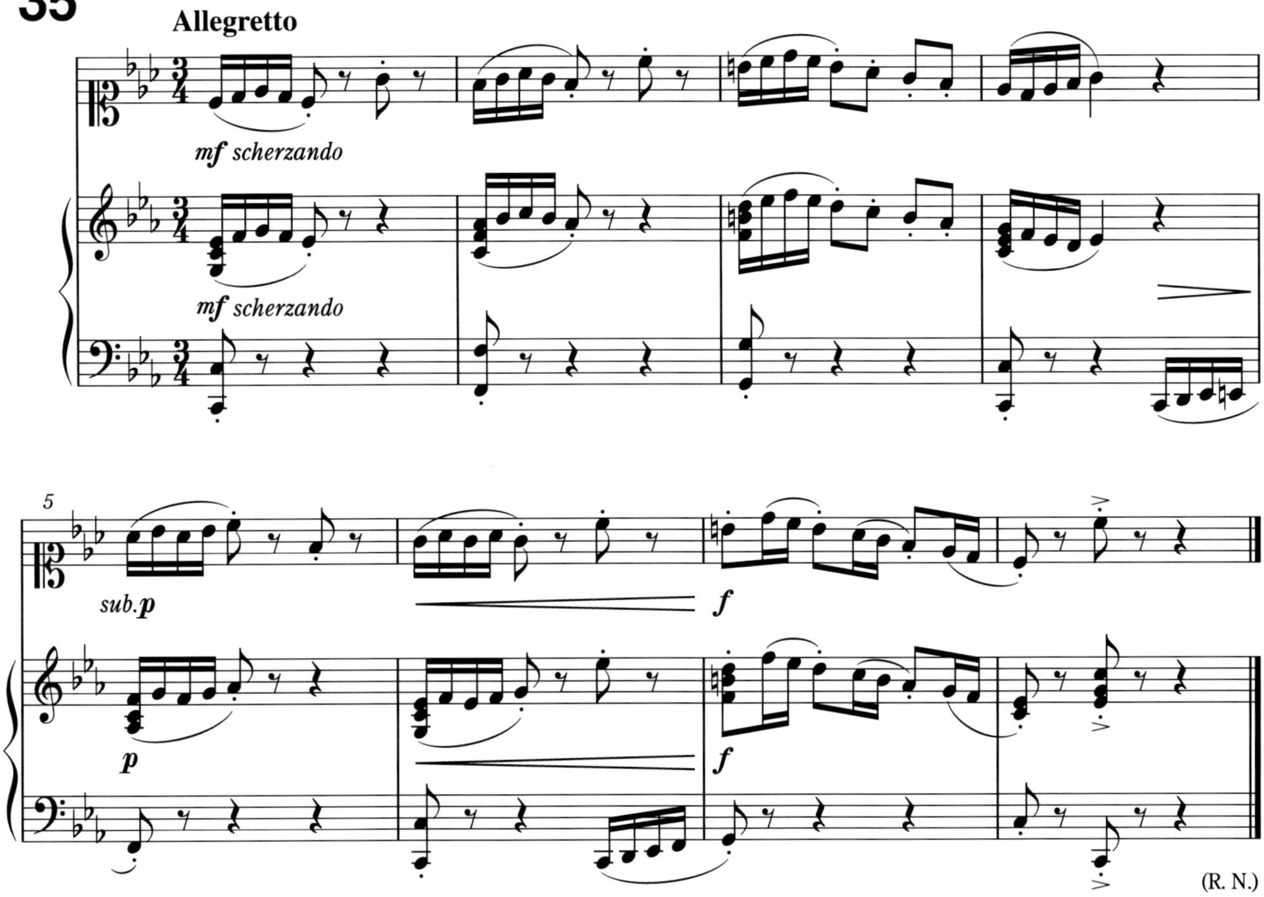
Allegretto
mf scherzando
mf scherzando
5
sub.p
p
f
f

(R. N.)

二重唱課題

1

Allegretto

(H. I.)

2

Moderato

(H. S.)

3

Andante cantabile

(Y. T.)

4

Allegretto

(H. E.)

5

Andante

(R. N.)

6

Andantino

(N. N.)

7

(C. K.)

8

(C. K.)

9

(M. S.)

10

(A. I.)

11

Andantino

(Y. T.)

12

Andante

(H. I.)

13

Andante

(H. S.)

14

Moderato

(R. N.)

15

Andante

(N. N.)

16

Allegretto

(H. E.)

17

(H. S.)

18

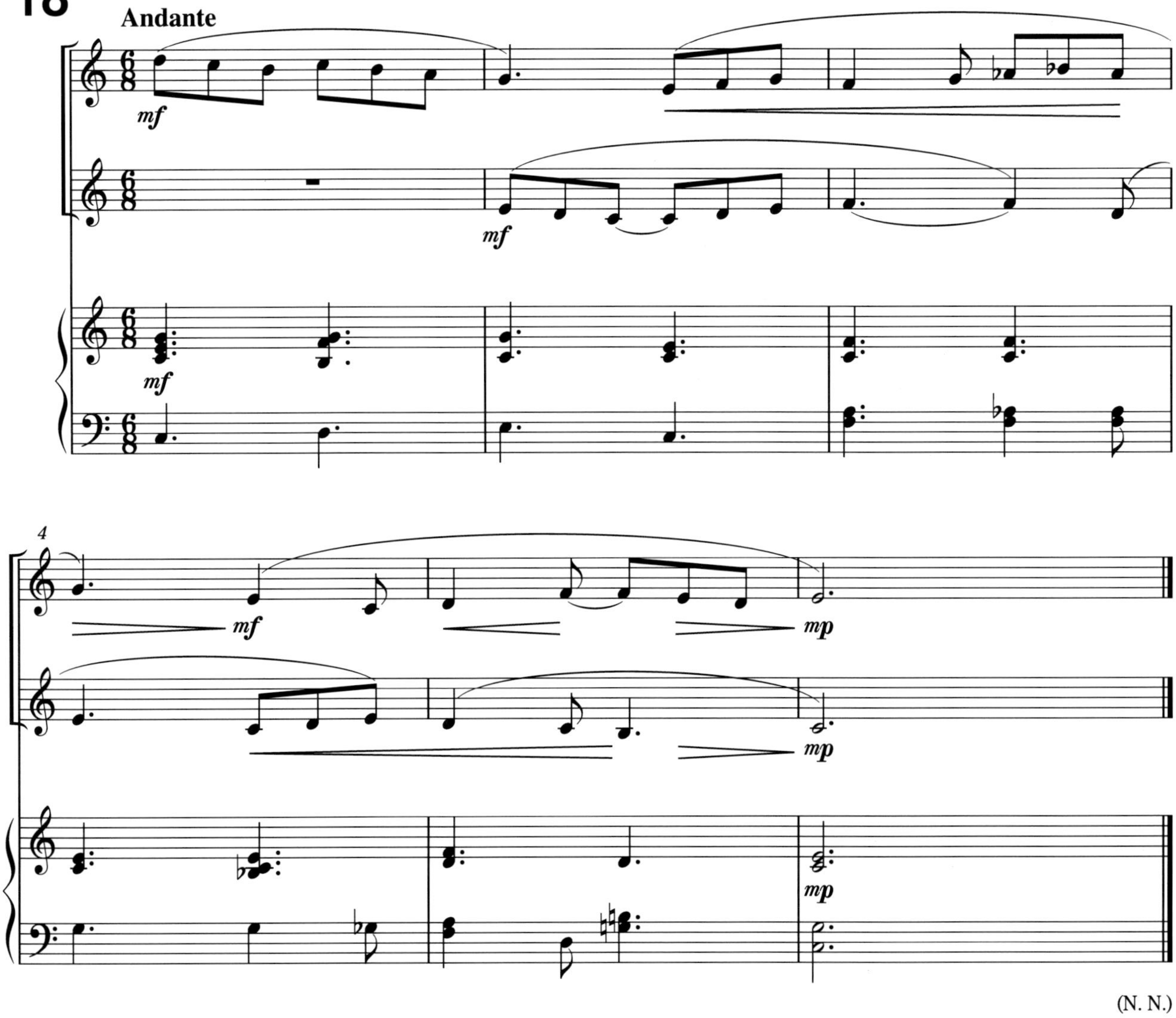

(N. N.)

19 **Andante**

(R. N.)

20 Andante

(Y. T.)

21 Moderato

(H. I.)

22

Andantino

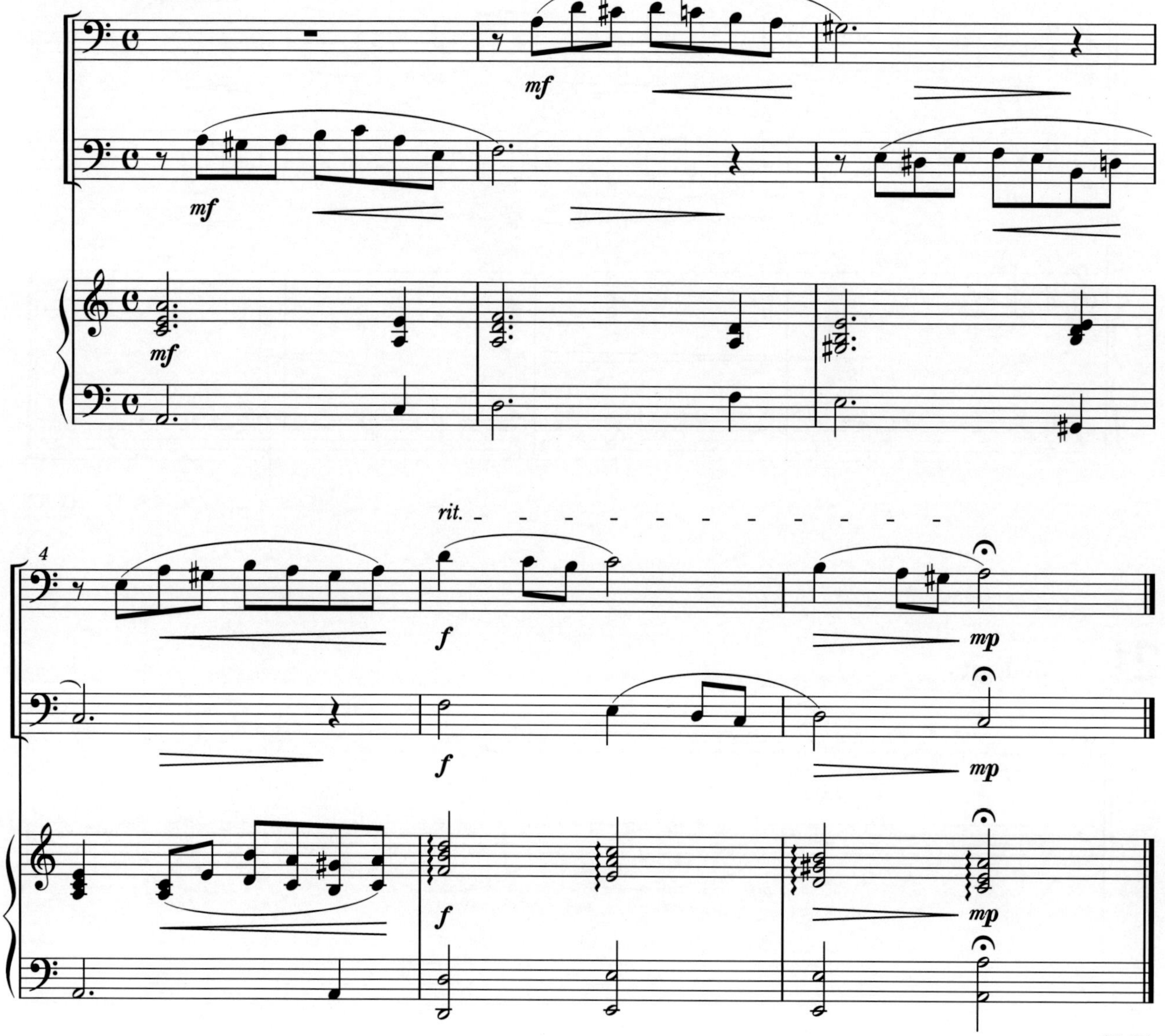

(H. E.)

23

Andante

(H. S.)

24

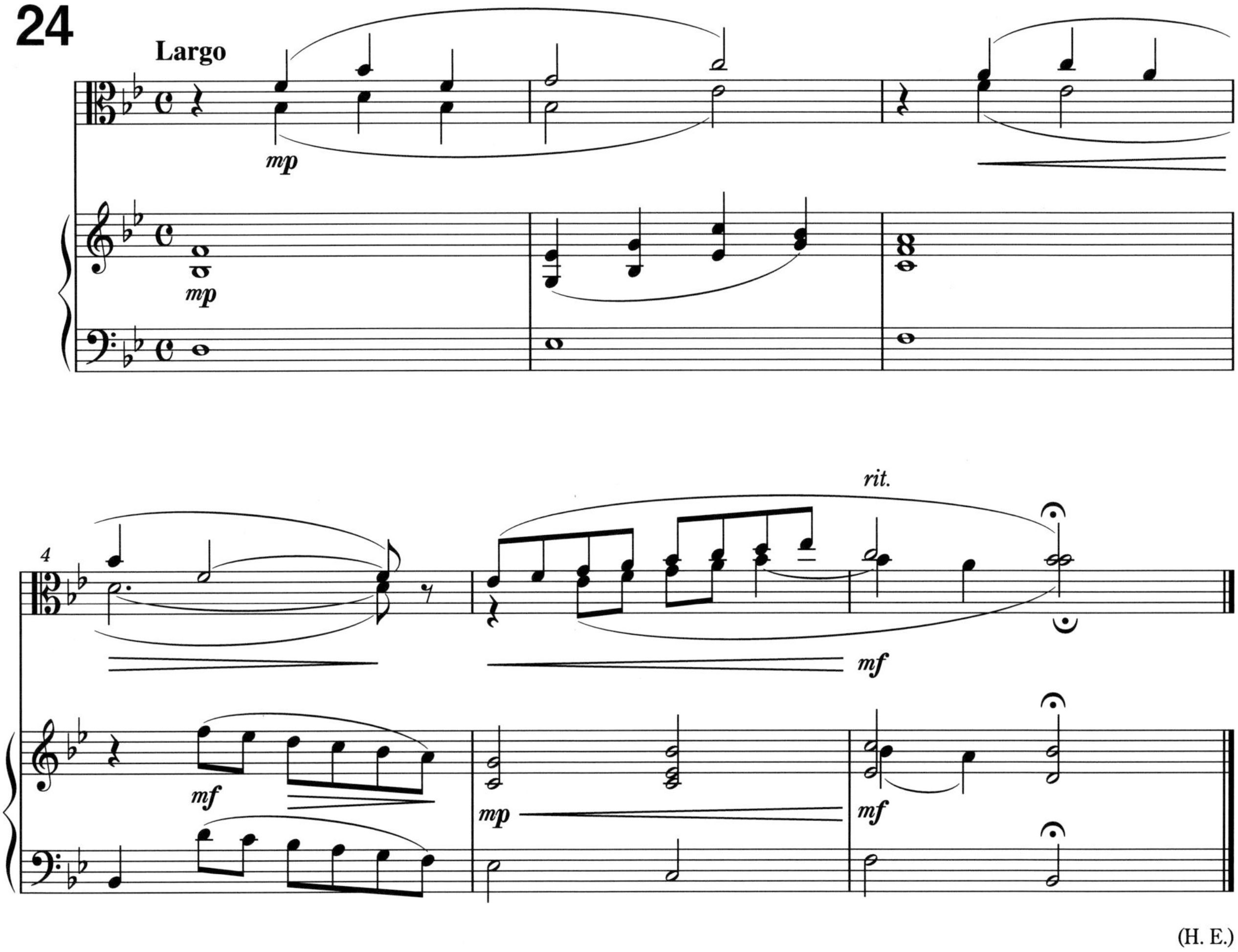

(H. E.)

25

Andante grazioso

(C. K.)

26

Moderato

(H. I.)

27

Andante grazioso

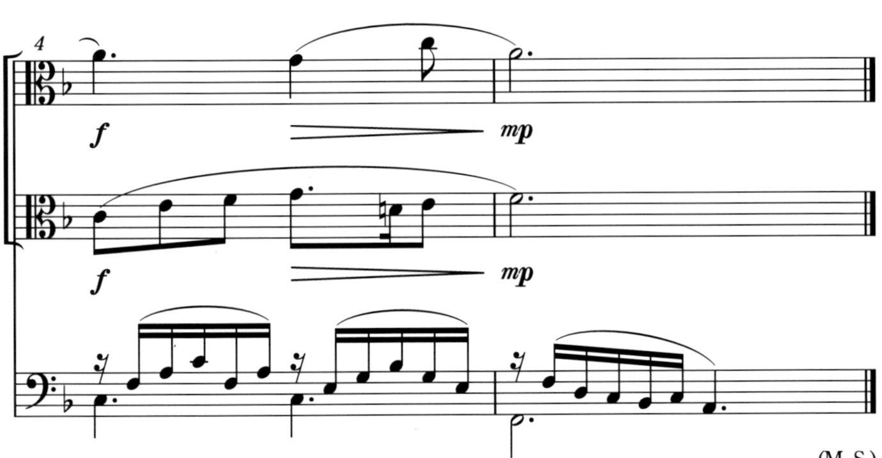

(M. S.)

28

(H. I.)

29

(R. N.)

30

(N. N.)

31

Allegro con brio

(Y. T.)

32

Andante

(H. S.)

33

Andante

(H. E.)

34

Andante

(R. N.)

35

Andantino

poco rit.

(N. N.)

36

Andante cantabile

(Y. T.)

第2部　リズム

リズム課題（２声）

1

♩=90 ca.

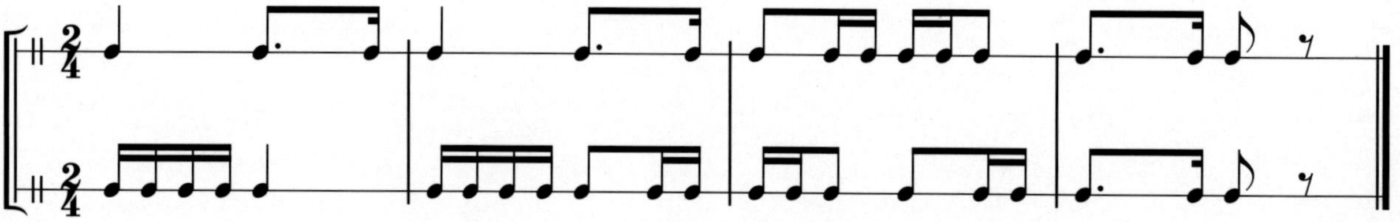

(R. N.)

2

♩=90 ca.

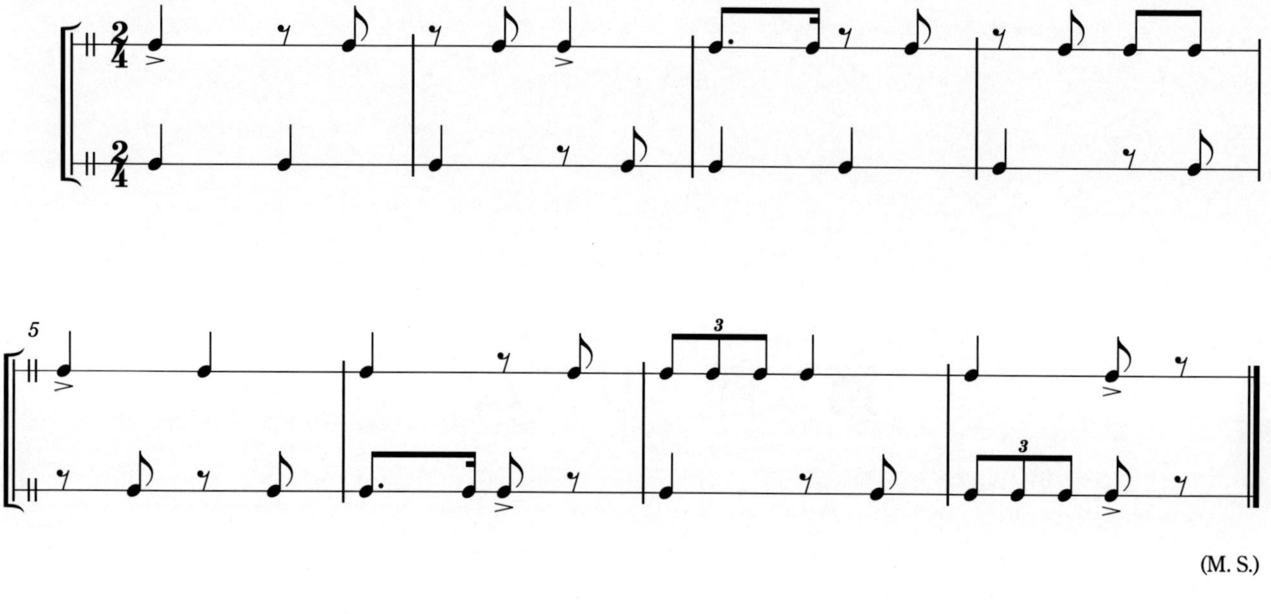

(M. S.)

3

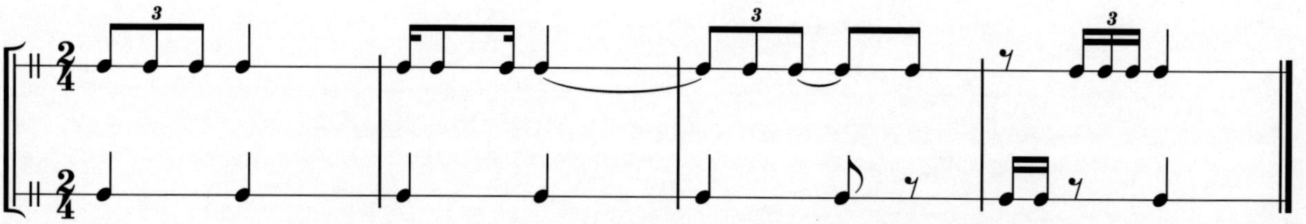

(Y. E.)

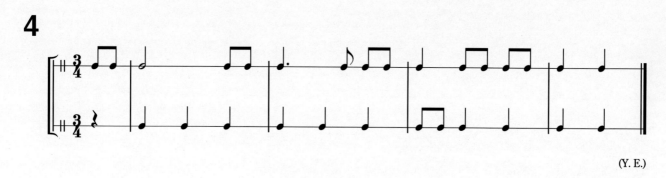

4

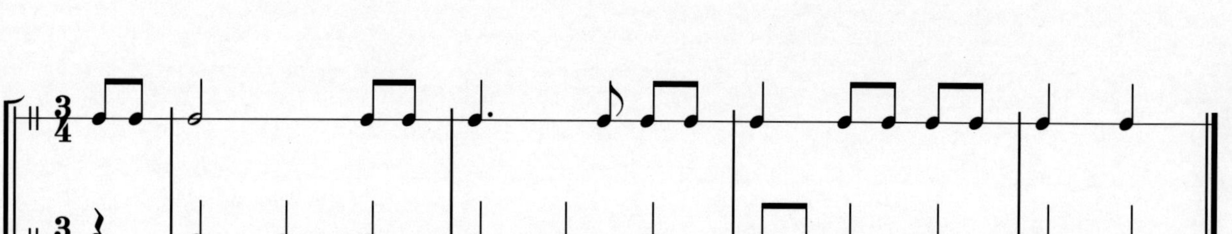

(Y. E.)

5

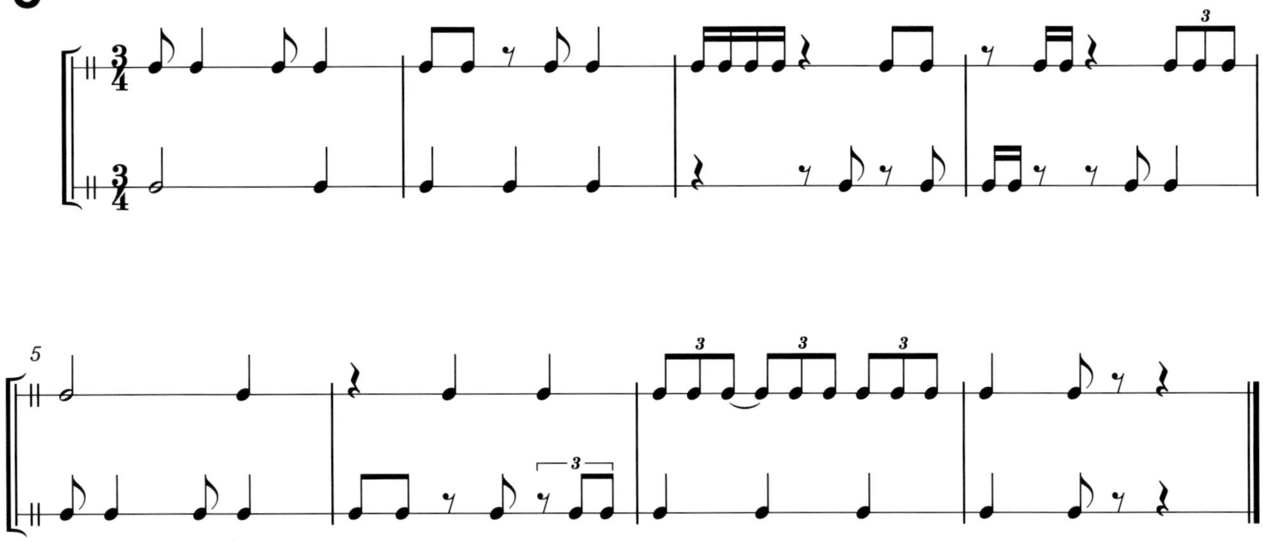

(Y. E.)

6

(C. K.)

7

(Y. E.)

8

(C. K.)

9

(M. S.)

10

(Y. E.)

11 ♩=80

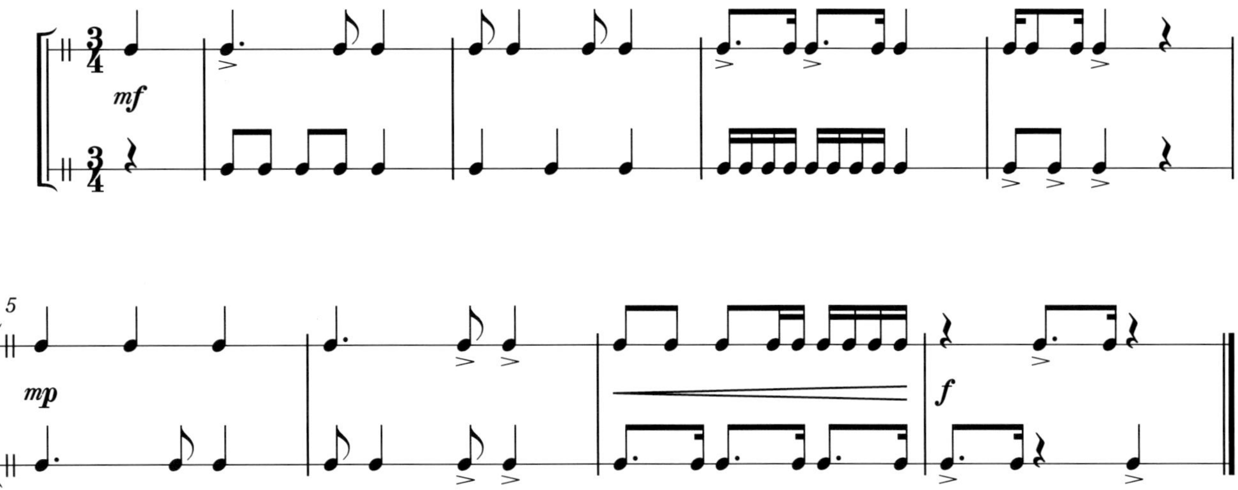

(C. K.)

12 ♩=75

(H. I.)

13 ♩=72

(M. S.)

14 ♩.=45 ca.

(T. Y.)

15 Moderato

(R. N.)

16 ♩=120 ca.

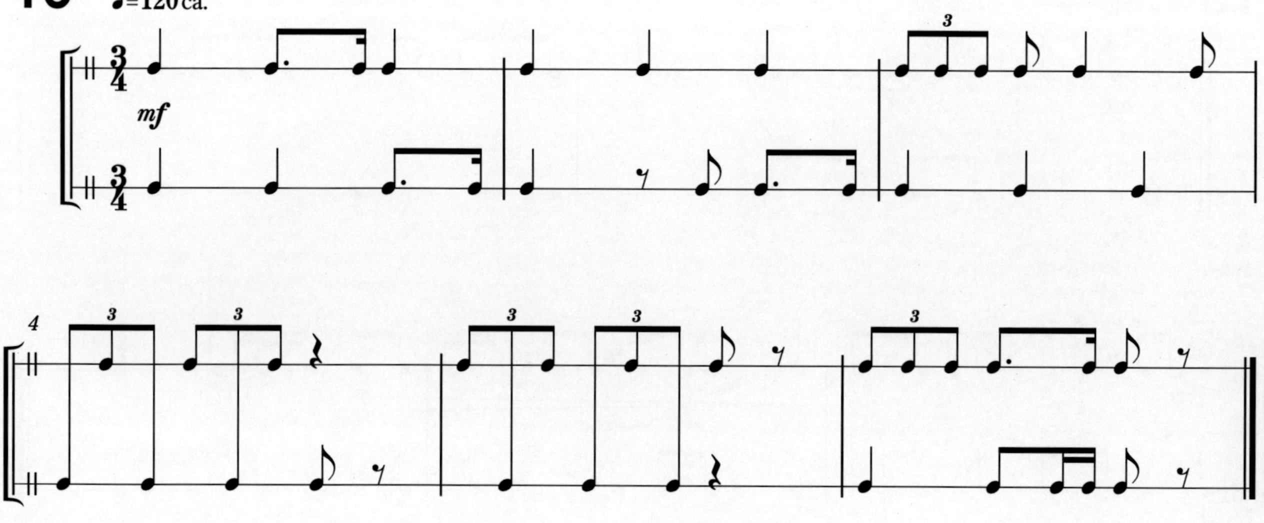

(R. N.)

17

♩=100 ca.

(T. Y.)

18

♩=120 ca.

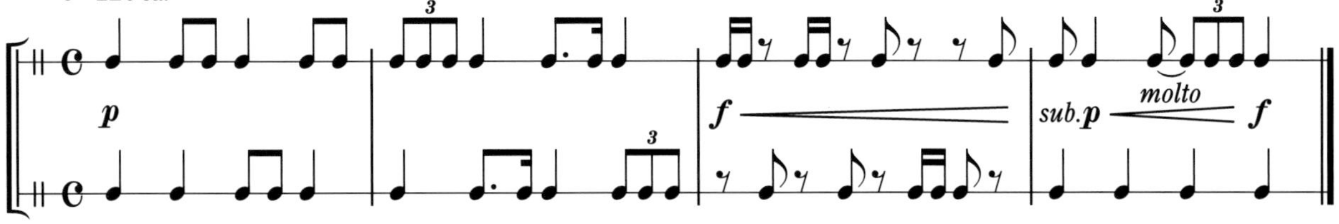

(R. N.)

19

♩=100

(H. I.)

20 ♩=80

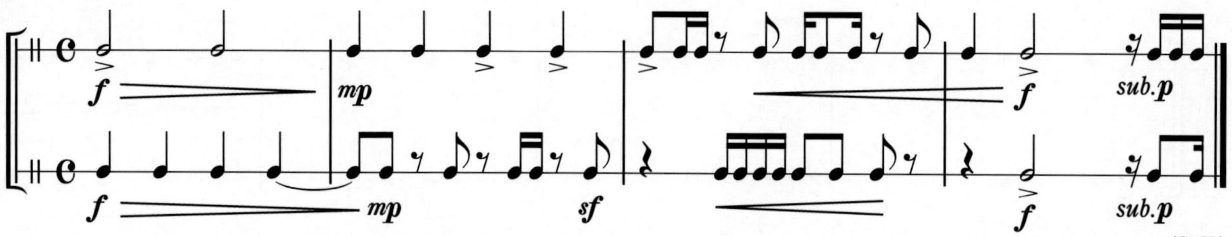

(C. K.)

21 ♩.=52 ca.

(R. N.)

22 ♪=120

(H. I.)

23 ♩=90 ca.

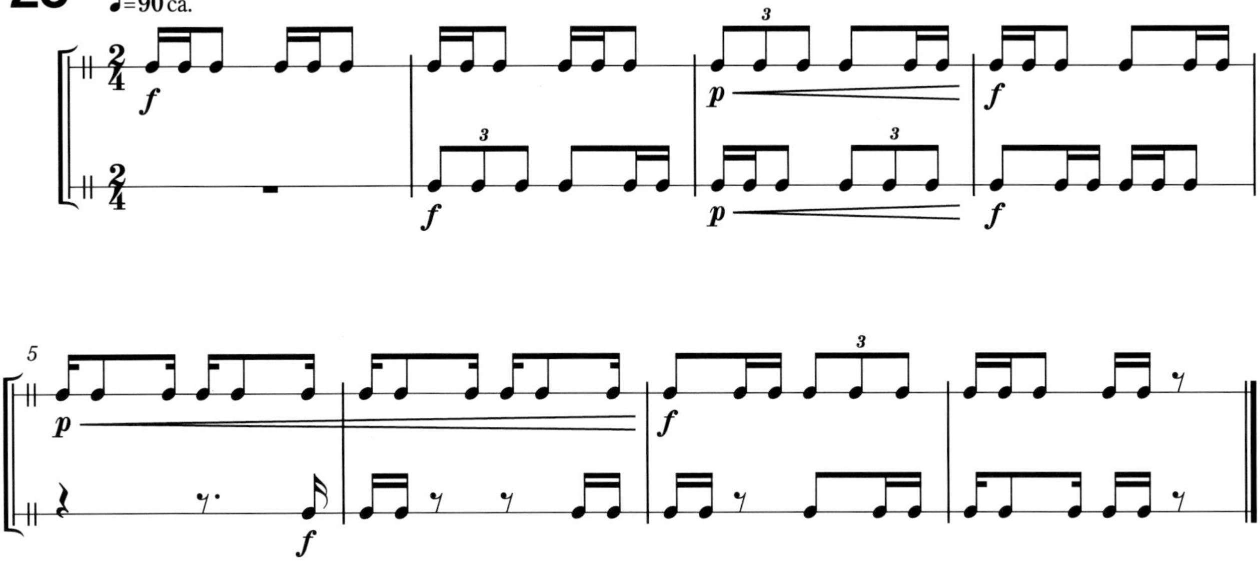

(T. Y.)

24 ♩=90 ca.

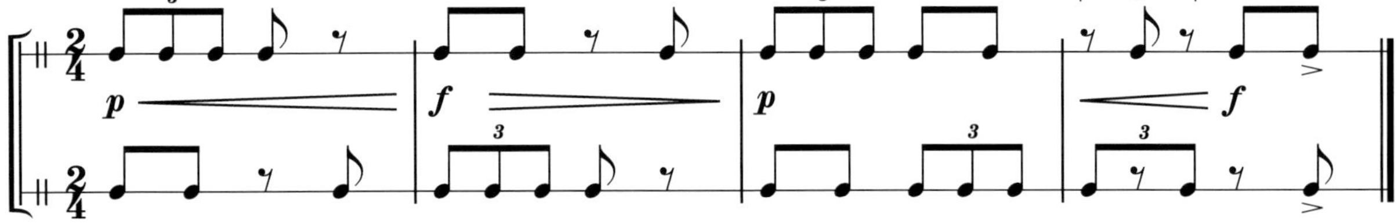

(R. N.)

25 ♩=60 ca.

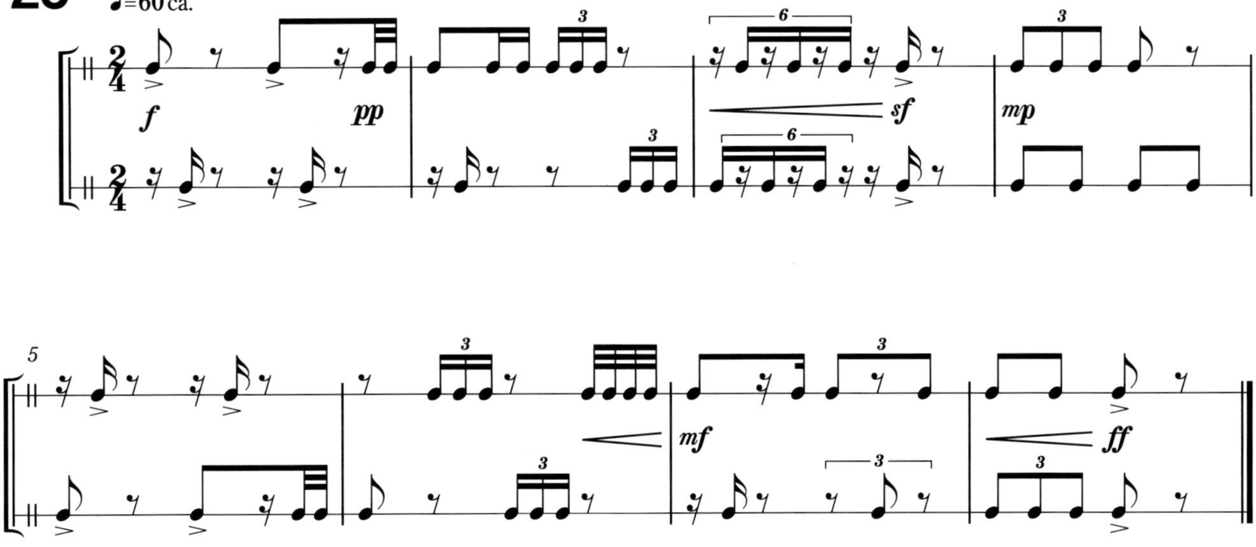

(Y. T.)

26

♩=90 ca.

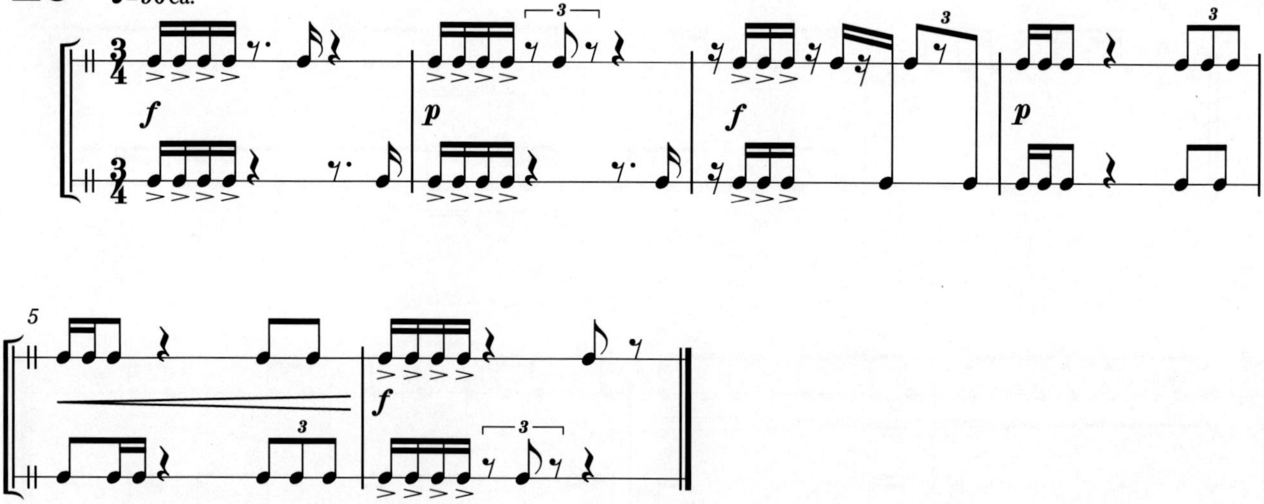

(R. N.)

27

♩=66 ca.

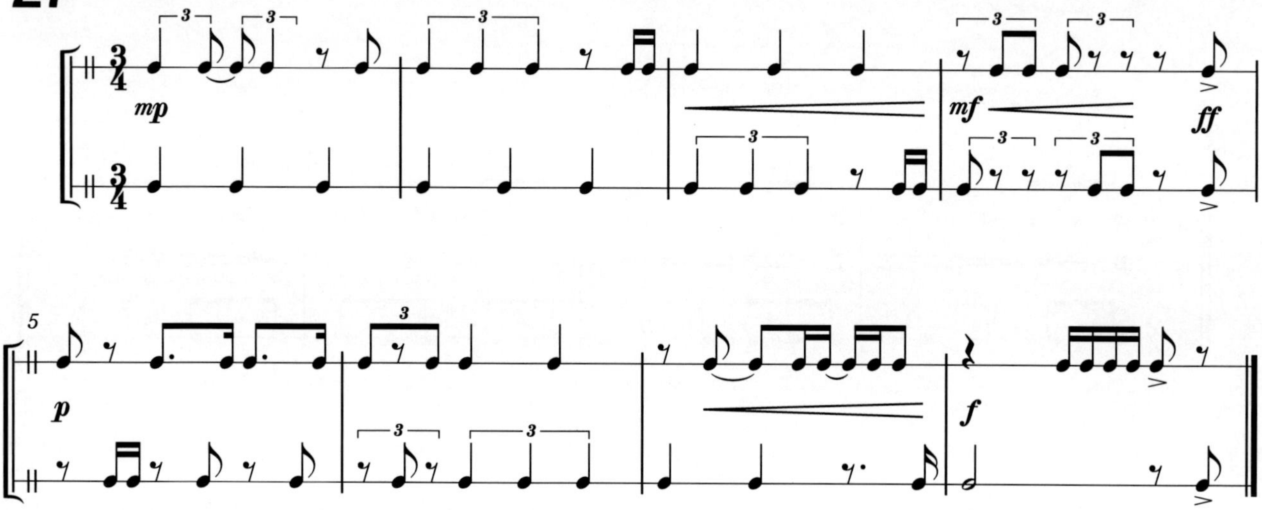

(Y. T.)

28

♩=100 ca.

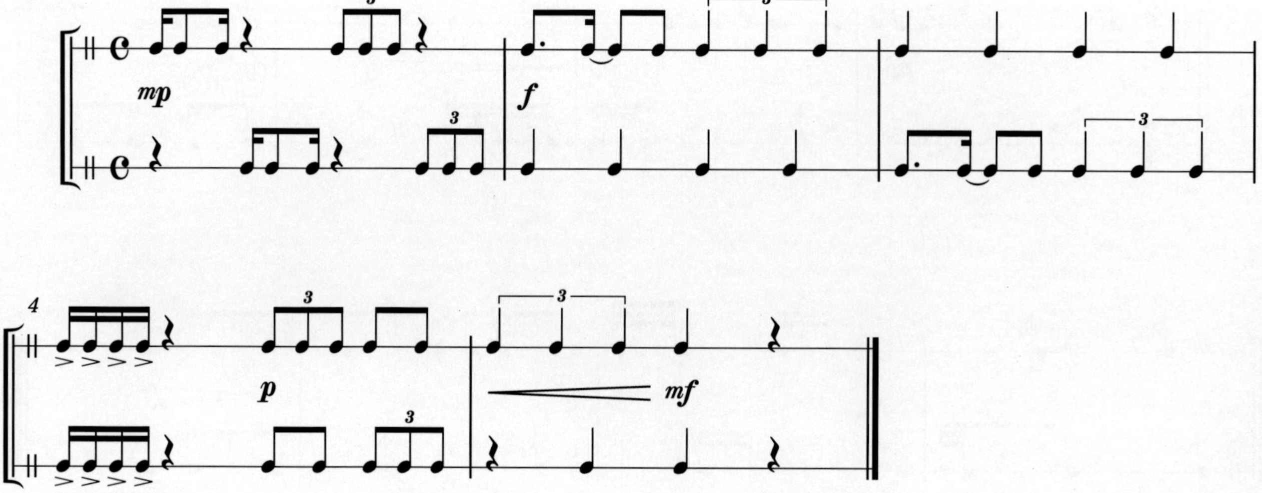

(R. N.)

29

(N. N.)

30

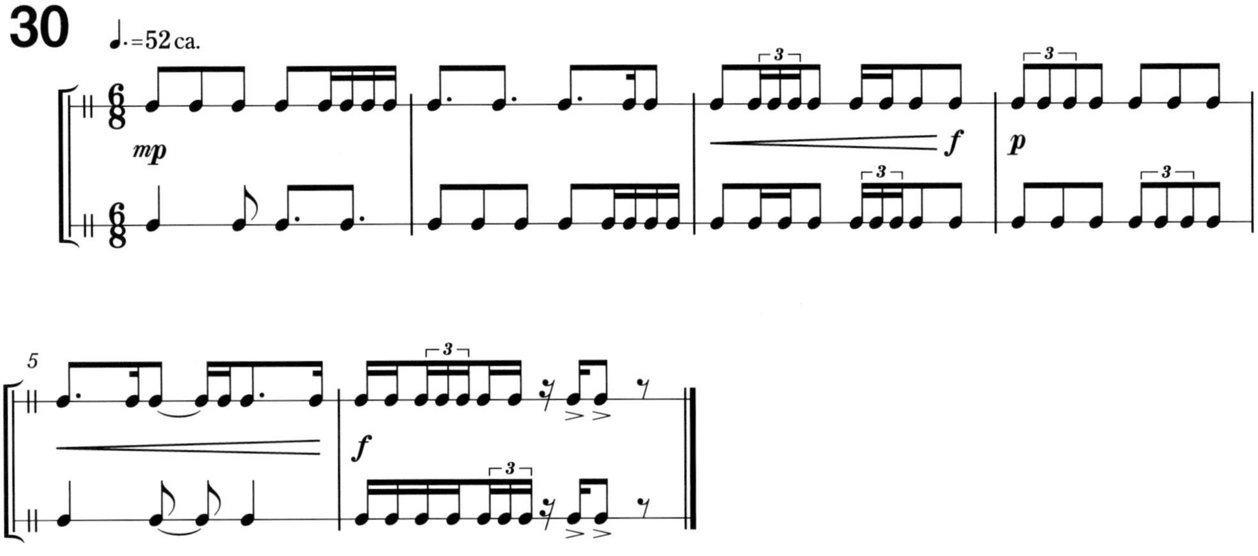

(R. N.)

31

(N. N.)

リズム課題（2声：連符）

1

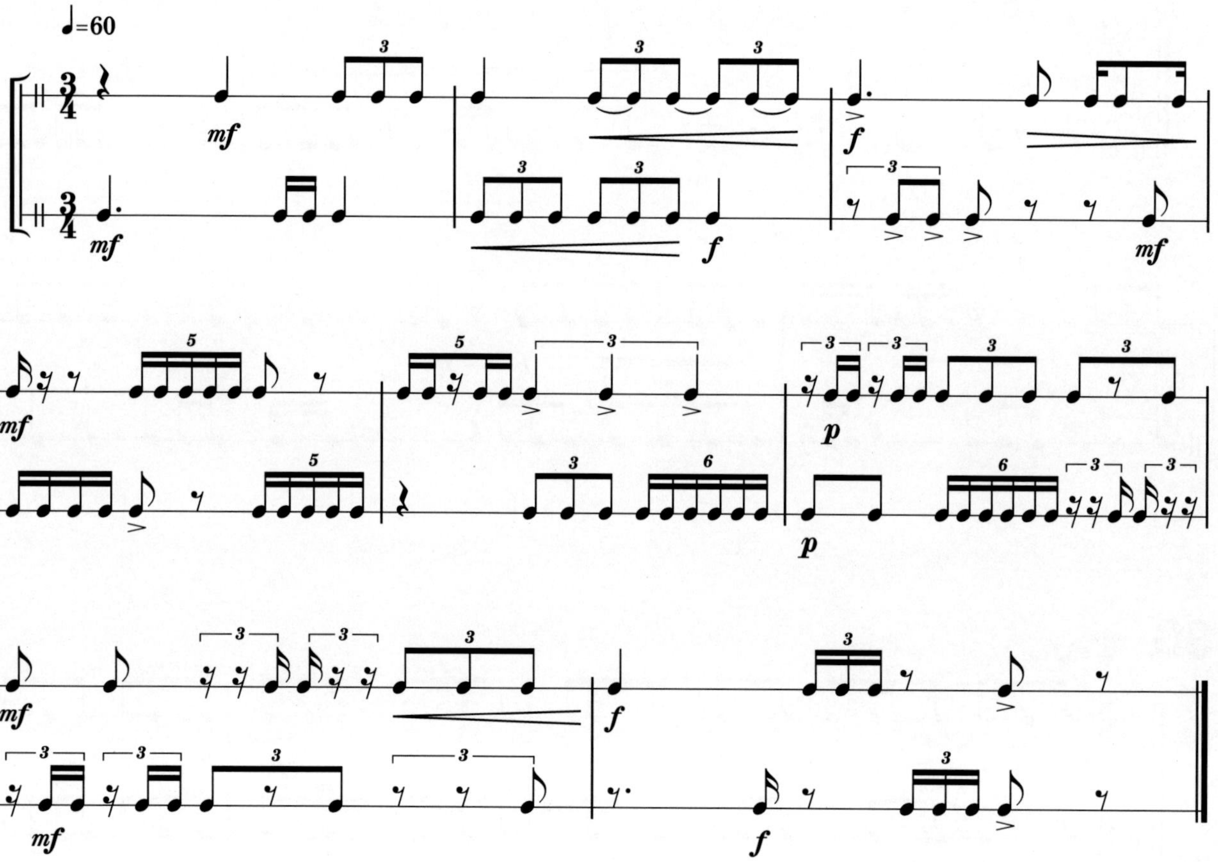

(M. S.)

2

(Y. T.)

3

♩=64

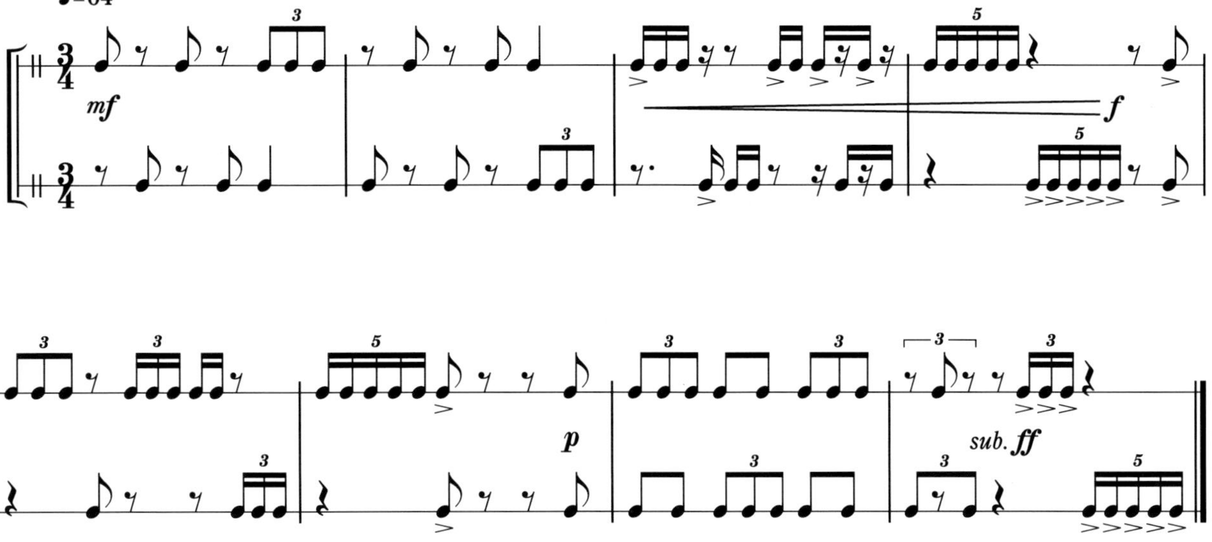

(N. N.)

4

♩=60 ca.

(Y. T.)

5

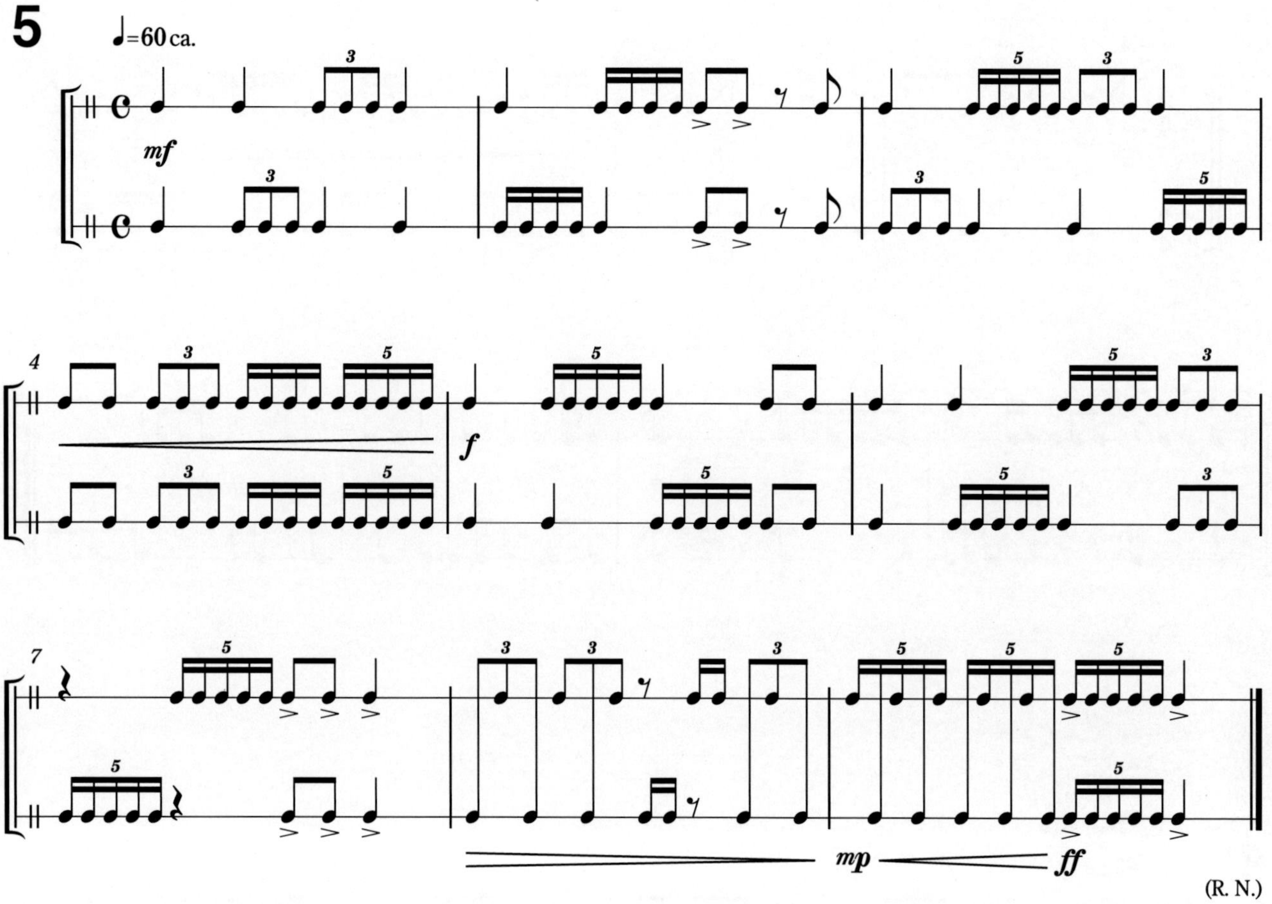

(R. N.)

リズム課題（２声：混合拍子・変拍子）

1-1

（3＋2）

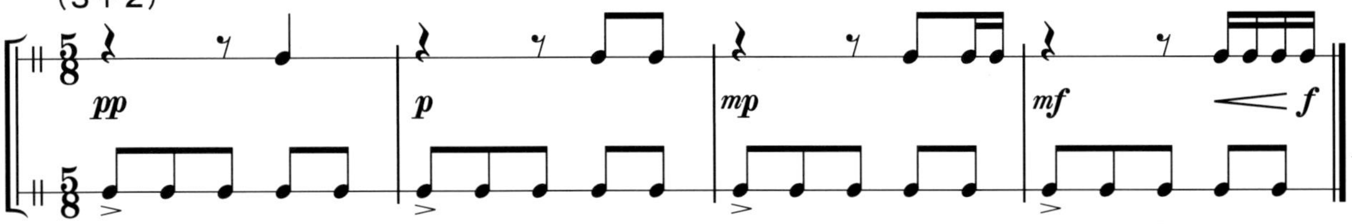

(Y. E.)

1-2

（2＋3）

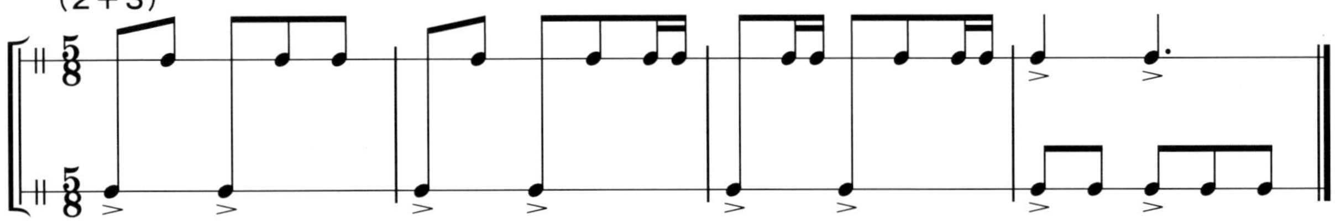

(R. N.)

1-3 Allegretto

(R. N.)

2-1 (3＋2)

(H. I.)

2-2 (2＋3)

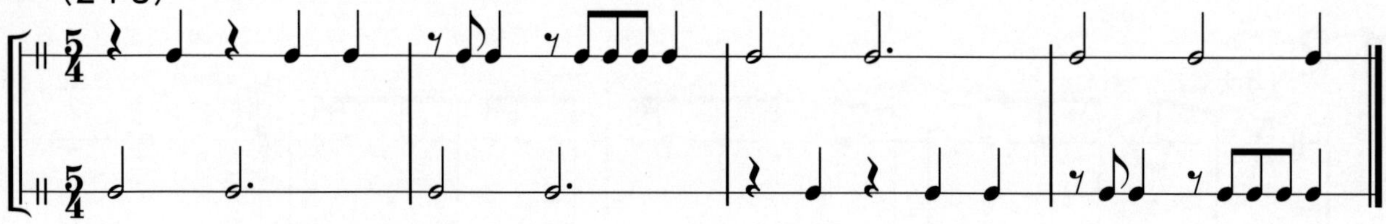

(H. I.)

2-3 Moderato

(H. I.)

3-1 （3＋4）

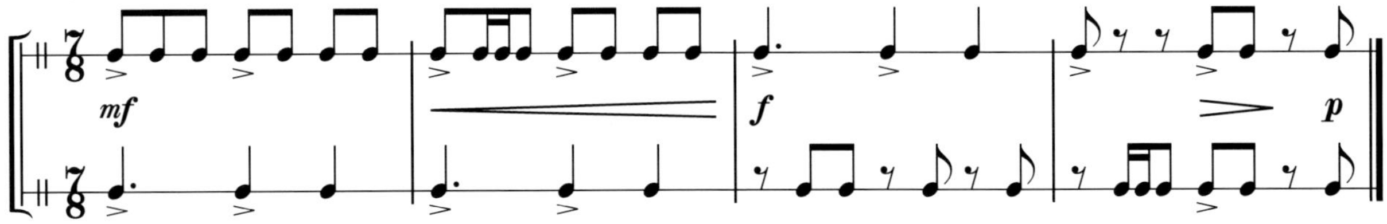

(C. K.)

3-2 （4＋3）

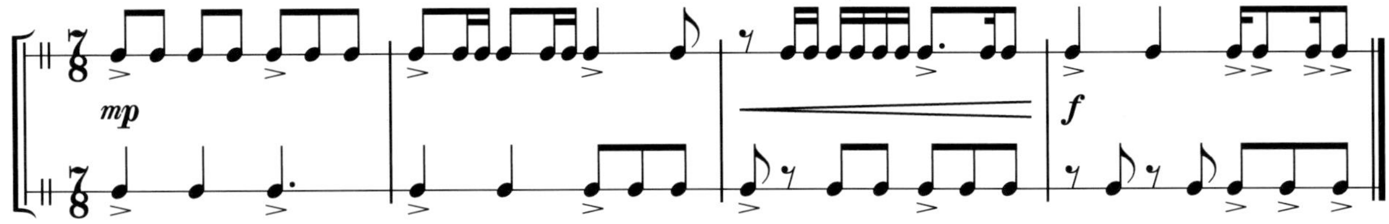

(C. K.)

3-3 （2＋3＋2）

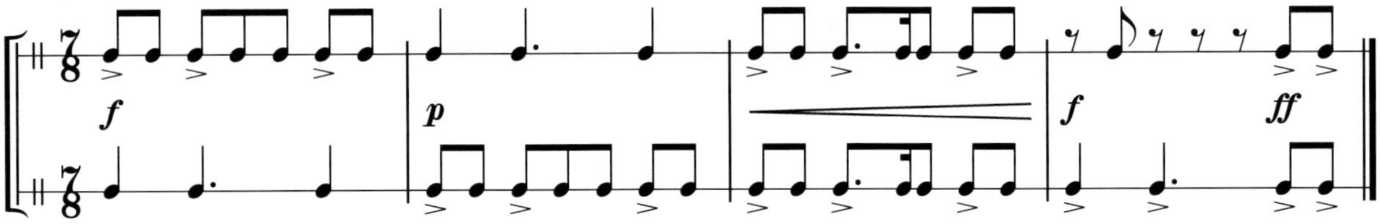

(C. K.)

3-4 Moderato

(C. K.)

4-1 (3＋4)

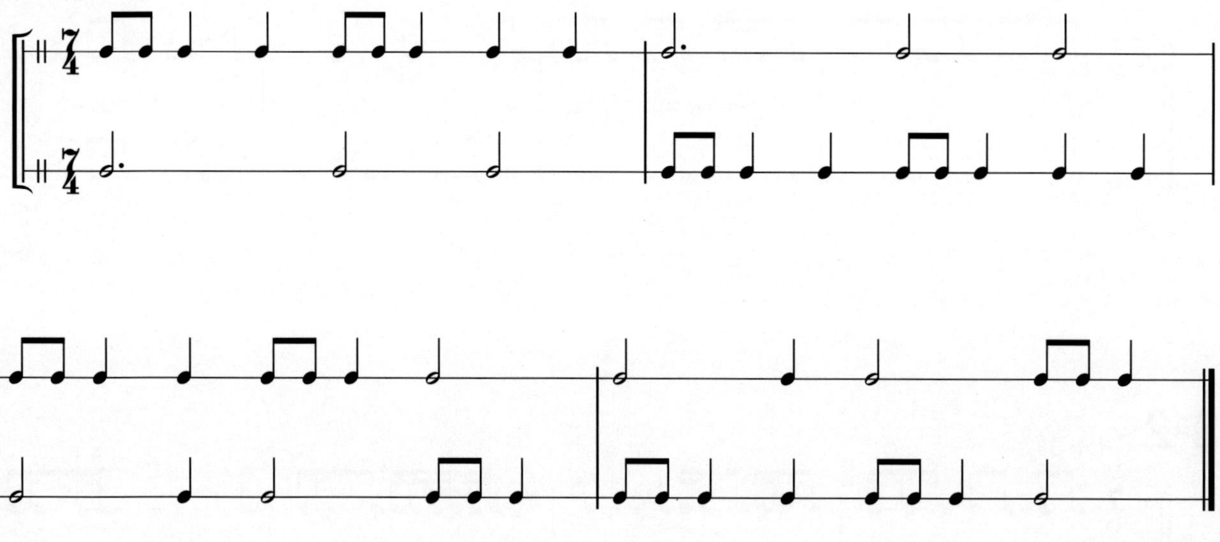

(R. N.)

4-2 (4＋3)

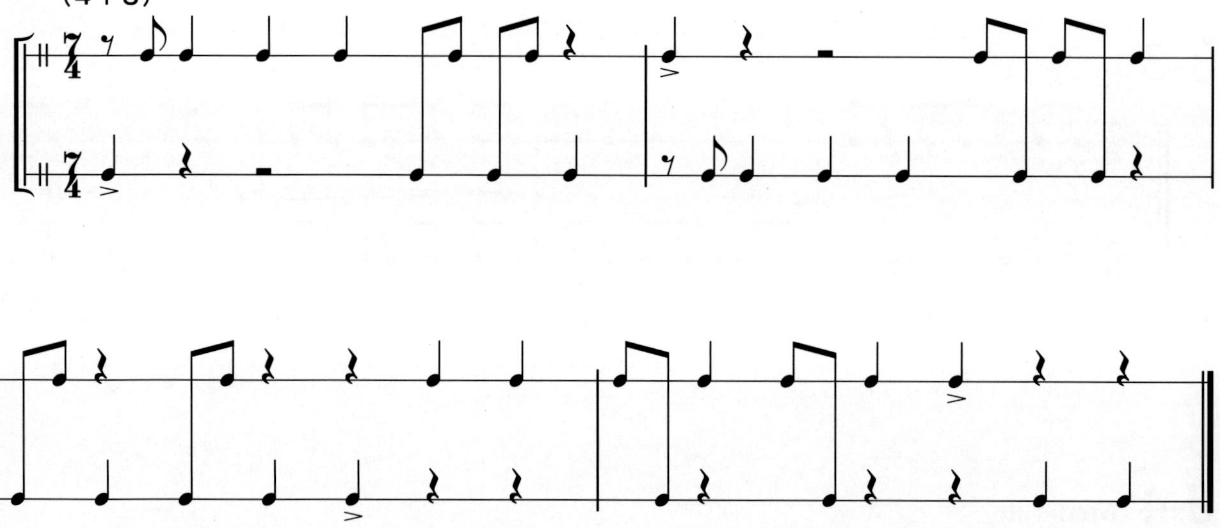

(R. N.)

4-3 ♩=100 ca.

(R. N.)

5 Moderato

(T. Y.)

リズム課題(2声:総合課題)

1

♩=75 ca.

(H. S.)

2

♩=75 ca.

(H. S.)

3

♩.=50 ca.

(H. S.)

4

♩.=50 ca.

(H. S.)

5

♩=75 ca.

(H. S.)

6

♩=70 ca.

(H. S.)

7

♩=70 ca.
sf
mp
f sub.p
poco a poco cresc.
ff

(H. I.)

8

♩.=40 ca.
mp
mf
p
f

(H. I.)

9

♩=75 ca.
mf
mp
f
sub.p
f
mp

(H. I.)

10 ♩=52 ca.

(Y. T.)

11 ♩=52 ca.

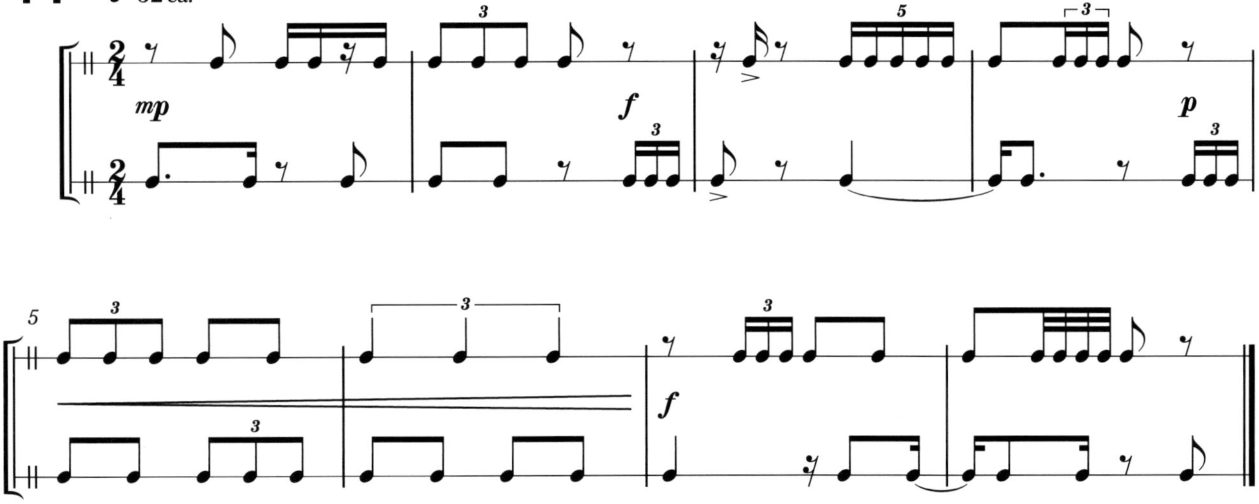

(Y. T.)

12 ♩=60 ca.

(Y. T.)

リズム課題（3声）

1

♩=80

(C. K.)

2

♩=90

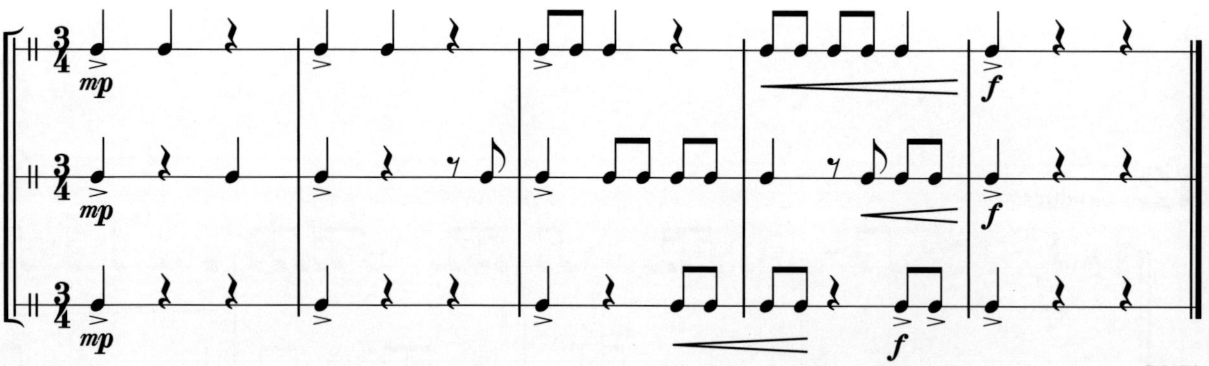

(M. S.)

3

Moderato (♩=108 ca.)

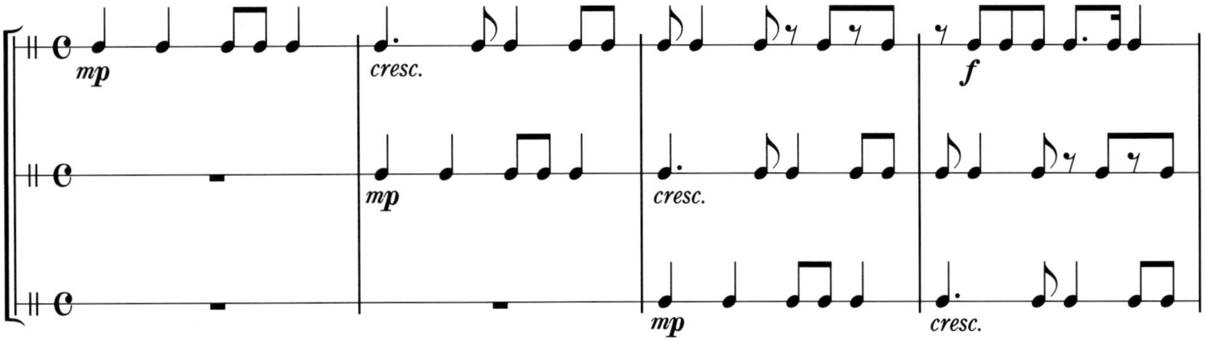

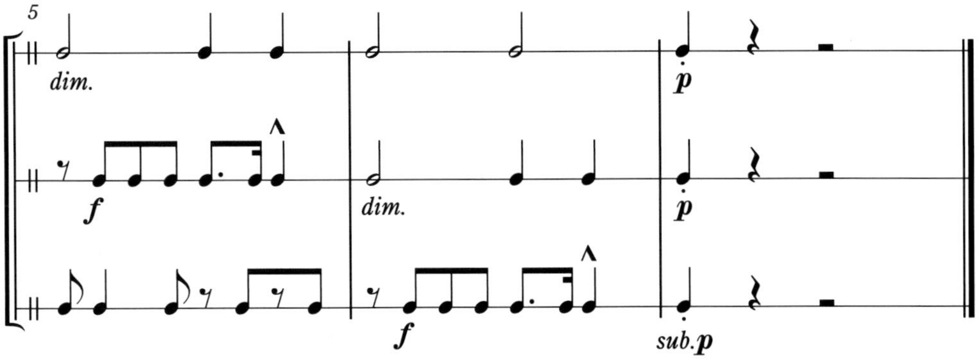

(M. S.)

4

♩.=45

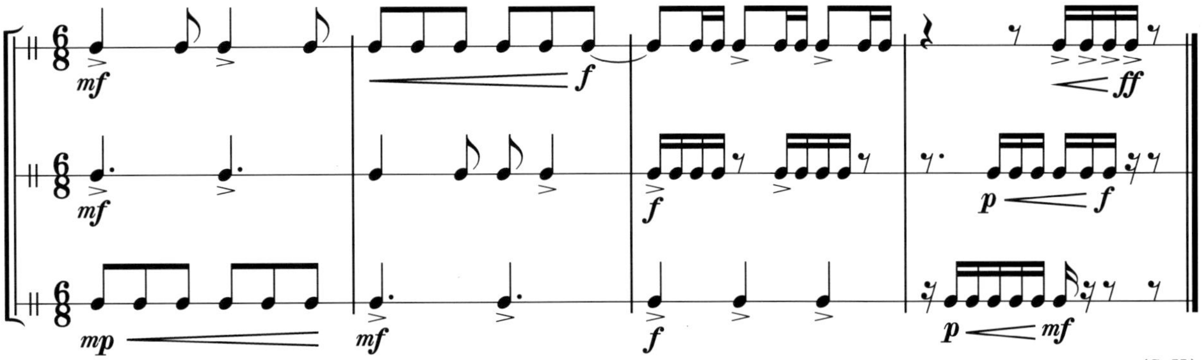

(C. K.)

5 **Moderato**

(R. N.)

6 ♩=62 ca.

(Y. T.)

7

♩=76

(N. N.)

8

♩.=52 ca.

(R. N.)

9

(N. N.)

10

(N. N.)

11

(Y. T.)

12

(Y. T.)

13

♩=72

(H. I.)

14

♩=80

(H. I.)

15

♩=90～110

(T. Y.)

16

♩.=48～58

(T. Y.)

視唱とリズム　ハ音記号とアンサンブルを中心とした課題集

執筆者一覧（五十音順）

板倉ひろみ (H. I.)
岩田彩子 (A. I.)
海老原優里 (Y. E.)
遠藤秀安 (H. E.)
小島千加子 (C. K.)
七條めぐみ (M. S.)
鈴木宏司 (H. S.)
高山葉子 (Y. T.)
成本理香 (R. N.)（執筆責任）
丹羽菜月 (N. N.)
安野太郎 (T. Y.)

表紙デザイン

山本裕之

視唱とリズム　ハ音記号とアンサンブルを中心とした課題集

2022年3月31日　初版発行
2024年4月 1日　第3刷発行

著　者　板倉　ひろみ
岩田　彩子
海老原　優里
遠藤　秀安
小島　千加子
七條　めぐみ
鈴木　宏司
高山　葉子
成本　理香(執筆責任)
丹羽　菜月
安野　太郎

発行所　株式会社　三　恵　社
〒462-0056　愛知県名古屋市北区中丸町2-24-1
TEL:052(915)5211
FAX:052(915)5019
URL:http://www.sankeisha.com

乱丁・落丁の場合はお取替えいたします。
ISBN978-4-86693-614-7